Carlos Arniches

La señorita de Trevélez

Carlos Arniches.

Carlos Arniches

La señorita de Trevélez

Prólogo, edición y notas de

Miguel Nieto Nuño

1831

Real
Escuela
Superior | de Arte
Dramático

BOLCHIRO

LA SEÑORITA DE TREVÉLEZ

Las 25 mejores obras del teatro español

Director de la colección: José Luis Alonso de Santos

Coordinadora editorial: Liz Perales
Coedición RESAD-Bolchiro
Grupo Bolchiro (www.bolchiro.com)
    Bolchiro, S.L. Zurbano, 47 - Madrid, 28010
    Bolchiro, LLC (c/o OSB Business Services Inc) 180 Varick Street
    New York, NY 10014
Real Escuela Superior de Arte Dramático (www.resad.es)
    Avenida de Nazaret, 2. 28009 Madrid
Consejo Editorial de la RESAD:
    Director: Rafael Ruíz
    Secretario: Emeterio Diez
    Consejeros: Rosario Amador, Fernando Doménech, Vicente Fuentes, Juanjo
    Granda, Pablo Iglesias, Marta Schinca y Pedro Víllora.

ISBN del libro electrónico: 9788415211754
ISBN del libro impreso: 9788415211747

Procesos digitales de edición: (www.bolchiroservicios.com)

Índice

La señorita de Trevélez, una comedia ejemplar

He tenido siempre un cariño especial hacia Arniches, como autor, por sus obras, y como persona por sus reflexiones sobre su trabajo y su vida, recogidas, entre otros lugares, en su *Autorretrato,* que escribe y publica a sus setenta y siete años, buen momento para hacer balance ya de logros e intenciones. Esas líneas siempre me han parecido ejemplares, sobre todo para un escritor.

Publicamos aquí su obra más conocida y respetada, obra que goza ya de un amplio cuerpo teórico, que se completa con el estupendo estudio que le acompaña ahora del profesor Miguel Nieto. Ello me libera de meterme en terrenos explicativos o profesorales, por lo que me limitaré a señalar por qué he escogido esta obra como una de las más importantes y representativas del teatro español, y, sobre todo, por qué me gusta a mí, es decir, cuáles son sus virtudes o valores que me hacen poder seguir disfrutando hoy día de ella, tanto en su lectura como viendo su representación.

Una de las mayores riquezas de *La señorita de Trevélez* es que está situada en un cruce de caminos estéticos, lo que permite hacer de ella múltiples lecturas y diferentes puestas en escena. El paso de los tiempos, y las costumbres (sobre todo las «malas» costumbres sociales dominantes), ha ido destacando una u otra posibilidad latente en este texto que intenta ser ejemplarizante por medio del espejo escénico vital del teatro. Yo voy a destacar la lectura que a mí más me interesa de la obra, desde mi subjetividad de lector y espectador, claro está, pero también desde el punto de vista de un autor que ha manejado, a veces, en sus obras, lenguajes semejantes y problemas afines: el de los límites entre el teatro serio (aparentemente importante), y el cómico (aparentemente solo divertido).

La obra es, ante todo, una gran comedia no solo porque tenga mucha gracia, que la tiene (y ello ya es un valor en sí mismo para el género), sino porque resuelve las contradicciones y las aparentes promesas de tragedia de la trama (de un personaje con sus palabras directas y del autor al construir la peripecia de la obra) por medio del sentido del humor. La comedia, y sus márgenes específicos de resolución de los conflictos que la generan y sostienen, permite salidas y finales que en el drama o la tragedia no serían posible. Por eso el autor la subtitula con acierto «Farsa cómica», y no «Tragedia grotesca», como se han empeñado en insistir después muchos críticos y eruditos. Para mí, desde luego, donde la obra alcanza sus mejores logros es en esos quiebros, en ese camino estético concreto de la farsa cómica que emplea el autor para resolver, con delicado acierto, la tarea que ha emprendido, por la vía específica del género elegido: el de la comedia. Es así como los problemas que aparecen ante los ojos de los espectadores sin aparente solución, generando intriga e interés, tienen después un desenlace posible, un acuerdo social humano para poder seguir viviendo en sociedad, aunque esta sea poco ejemplar. Porque el sentido del humor, y el ingenio de la comedia, permiten encontrar siempre una salida mágica en el callejón sin salida a donde nos había ido conduciendo la trama del escenario (y de la vida), al desarrollarse la trama urdida por el autor.

Se muestra así la dimensión humana y filosófica que encierra el género, no tanto por el mensaje evidente de la obra que el autor nos ofrece al final (la cultura regenerará a nuestra juventud del camino equivocado que lleva), sino por algo de mayor calado, que tiene que ver con esa elección que tenemos que hacer a cada momento: si tomarnos la vida demasiado en serio, como tragedia (con la respuesta heroica, límite y desproporcionada a que ello nos obliga), o ser flexibles y abiertos y ceder en el género de nuestras respuestas, y tomarnos la vida como comedia (rebajando las exigencias y expectativas teóricas, y entrando en el terreno del perdón, la compasión por los errores propios y ajenos, y el regocijo de la vida a pesar de todos sus límites, mezquindades, engaños e injusticas.)

La risa así no es evasión, es respuesta lúcida y humana, es decisión que equilibra el sentimiento trágico de la vida con la otra cara de nuestro existir: el del sentimiento cómico, que también tenemos siempre a nuestro alcance como un segundo brazo, por si nos decidimos a utilizarlo como equilibrador en muchos momentos de nuestro papel en esa obra de la vida que a todos nos toca representar.

José Luis Alonso de Santos
Madrid, abril de 2014

Introducción

1.- Presentación

La historia del teatro español en la última década del siglo XIX y tres primeras del siglo XX no se puede escribir sin nombrar a Carlos Arniches ni hacer estudio de su obra. En su introducción biográfica y crítica Ríos Carratalá hace un certero balance: «Las cifras que prueban su éxito son espectaculares. Todas sus obras se estrenaron, muchas de ellas se incorporaron a los repertorios de las compañías más destacadas, llegó a tener hasta diecisiete títulos simultáneamente en la cartelera madrileña, sus textos fueron reeditados en numerosas ocasiones y hemos localizado más de sesenta películas basadas en sus obras» (Arniches, 1997:7). Desde su primer estreno, en 1888, hasta el inicio de la Guerra Civil no hubo año que no estrenara, salvo en 1932. Aún después de muerto, volvió a estrenar –el año de 1943, después de cincuenta y cinco años de presencia constante en los escenarios– la última obra a la que puso punto final a la vez que a su propia vida. Su producción la cuantifica Sotomayor Sáez (1994) en 186 obras de autoría probada, más otras 26 atribuidas. «Su éxito –seguimos citando a la autora– radica, entre otras cosas, en un absoluto dominio del lenguaje, que hace eficaces y originales sus creaciones cómicas, y en una notable habilidad para manejar los resortes de la composición escénica; es un maestro de la carpintería teatral, como resalta una y otra vez la crítica, y domina como pocos el movimiento de personajes, la construcción de escenas y los hilos de la trama» (366). Títulos como *La señorita de Trevélez, La venganza de la Petra,* o *Es mi hombre* no han dejado de representarse en los escenarios españoles desde el día de su estreno. Para la historia del sainete, del teatro popular y de la zarzuela, el nombre de

Arniches representa el pilar fundamental, el que otorga dignidad a dichos géneros y obliga a su consideración en la tradición dramática.

Historiadores y críticos coinciden en señalar a *La señorita de Trevélez* como el título de mayor mérito salido de la invención arnichesca. Con él inicia el género que habría de denominar poco después como *Tragedia grotesca*. De este modo el nombre de Arniches se encumbra también en la historia literaria. Hay en *La señorita de Trevélez* un drama sentimental femenino, no desarrollado, que aprovechará años después Federico García Lorca en *Doña Rosita la soltera o el lenguaje de las flores* (1936); y un drama social de costumbres que llevará magistralmente a las pantallas Juan Antonio Bardem en *Calle Mayor* (1956). La *tragedia grotesca* imprime un sorprendente giro a la comedia comercial, orientándola hacia el teatro expresionista, que culminará el esperpento valleinclanesco, y cuya huella se puede aún descubrir en la *tragedia compleja* de Alfonso Sastre, en los años sesenta del siglo pasado. En la posterior década de los ochenta, el resurgimiento de la llamada *comedia madrileña*, liderada por José Luis Alonso de Santos en el teatro y Fernando Trueba en el cine, encontró en Arniches un modelo de referencia. Arniches sigue siendo, pues, un autor vivo en la actualidad teatral española, como demuestra el último estreno de *Los amores de la Inés,* de Manuel de Falla, aún en el escenario del Teatro de la Zarzuela cuando se redactan estas líneas.

2.- Reseña biográfica

El año de 1866 vio nacer a Jacinto Benavente, a Carlos Arniches[1], y a Ramón María del Valle-Inclán. Los tres constitu-

---

[1.] Nada nuevo sustancial se ha escrito sobre la vida de Arniches desde la monografía de Vicente Ramos (1966), de la que se sirve este resu-

yen los pilares fundamentales sobre los que se apoya la historia del teatro español entre los siglos XIX y XX. Al tercero de los nombrados, Valle-Inclán, se le reserva el lugar más encumbrado en la historia literaria. Los dos primeros, Benavente y nuestro autor, no alcanzan esa cima en la historia literaria, pero en la historia del teatro seguramente su importancia fue mayor. A ambos se debe en no poca medida el florecimiento empresarial del teatro, la preparación profesional de los actores, y el sostenimiento de un público al que se educa en la comprensión de nuevos planteamientos dramáticos. Benavente y Arniches representan a la vez la continuidad del fenómeno cultural y la transformación de las trasnochadas fórmulas del teatro decimonónico en una nueva imaginación dramática acorde a los nuevos tiempos, sin dar nunca espaldas al público.

Arniches llegó impensadamente al teatro, y el teatro educó y proyectó al autor. Sus primeros balbuceos como escritor los había experimentado en el campo del periodismo, en tiempos en que la profesión de periodista aún se confundía con la del literato. Fue en Barcelona, adonde llegó en 1880, dejando atrás, arrasada en lágrimas, la memoria del paraíso perdido de la infancia, en su Alicante natal. A partir de aquella experiencia casi bíblica de expulsión, se impondrá en el joven Arniches la «ambición del estómago»[2], la que le llevó al diario recién fundado de *La Vanguardia,* donde inició su aprendizaje como escritor, con encargos imprecisos. Cinco años después esta actividad periodística la desarrolló en los periódicos madrileños *El Diario Universal, La Ilustración Artística Teatral,* y *El Resumen,* de los que a duras penas obtenía beneficios para arrancarse de la «oscuridad más densa, del fondo de esa negra masa sin brillo que se llama vulgo» (dedicatoria de su primera publicación: *Cartilla y cuaderno de lectura*). Enrique Chicote pinta

---

men biográfico.

[2]. Las expresiones recogidas entre comillas, sin atribución de autor, pertenecen al mismo Arniches.

un retrato nada halagüeño: «hambre, botas rotas, por lecho un banco del Prado, tal vez el mismo que, durante una temporada, ocupó como dormitorio el poeta don Marcos Zapata.»

Lo que distingue la inteligencia de Arniches ha sido en todo momento su agudo sentido de la oportunidad. Seguramente la delicada circunstancia por la que atravesaba la restauración monárquica, con un Rey prematuramente malogrado, su sucesor recién nacido y una Reina regente inexperta, precisaba de obras como la que se le ocurrió escribir a Arniches, la citada *Cartilla y cuaderno de lectura (trazos de un reinado),* dedicada al recién nacido Alfonso XIII, y destinada a acabar en las manos de los escolares a costa del Ministerio de Fomento. Corría el año de 1877, y era la primera vez que los «deseos de escribir mucho», prevaleciendo sobre los estudios de Derecho y el oficio de gacetillero, bastaban para satisfacer aquella «ambición» elemental del sustento. El mismo sentido de la oportunidad se puso a prueba un año después, cuando el poeta alicantino Gonzalo Cantó acudió a su paisano Arniches para curarse las heridas causadas por su primer fracaso como comediógrafo. En una época en que escribir para los escenarios suponía la única promesa de fortuna al alcance para los literatos, los llantos del poeta despertaron el instinto teatral, hasta entonces dormido, de Arniches. Se pusieron de acuerdo: Arniches, basándose en la experiencia compartida por ambos como noveles escritores, trazaría las situaciones dramáticas; el poeta escribiría los versos destinados al canto. Así nació *Casa editorial,* que estrenó el teatro Eslava el 9 de febrero de 1888. El éxito de crítica, las ciento cincuenta representaciones, y los réditos dejados en los bolsillos de los autores, convencieron a Arniches de su potencial como dramaturgo. El empresario del Eslava, Ramón Arriaga, contrató a Arniches como asesor y colaborador para escritores principiantes como el mismo Cantó, Celso Lucio, con quien firmaría varias obras, y Enrique García Álvarez, cuyo nombre aparecerá en muchos títulos de nuestro autor.

Desde entonces la vida de Arniches no volvió a registrar

aventura alguna, hasta su exilio en 1936. No hizo sino asentar-
se en el variopinto y movido mundo teatral de los años finales del siglo XIX, en los que el teatro representaba la primera diversión de toda clase de públicos: desde el más popular
que asistía a las funciones por horas, hasta el aristocrático del
Teatro Real. Trabajó denodadamente para abastecer la deman-
da de una población que en las risas del teatro olvidaba tanto
desastre histórico como el siglo deparaba y habría de deparar.
Poco a poco se fue señalando como referencia para libretistas
y profesionales de la escritura teatral, que buscaban en su colaboración el seguro del éxito y el renombre. Son los años del
extraordinario auge de la zarzuela y del sainete lírico, que corre parejo al ascenso de Arniches, constante e ingenioso pro-
veedor de textos. De la mano de compositores como Chapí, Serrano o Torregrosa, se corona en los teatros Apolo y Zarzuela,
y se revalida al trimestre como primer cobrador de devengos en
el teatro por horas. Y el Madrid que se iba reinventando parecía inspirarse en la imaginación de Arniches, como Arniches se
inspiraba en la observación de sus habitantes, los más humil-
des principalmente. Su éxito se basaba en esta corresponden-
cia, donde la ciudad y su autor compartían tiempo y lenguaje.

La primera obra escrita en solitario fue un juguete cómico
sin más pretensión que entretener con el enredo y las ocurren-
cias chistosas. Se tituló *Nuestra señora,* y subió a las tablas del
Teatro Lara el 25 de noviembre de 1890, con éxito de público
y benevolente acogida de crítica. Su segundo estreno en solitario se haría esperar hasta la Nochebuena de 1896, con *La ban-
da de trompetas,* estrenada en el Teatro Apolo, cuyo ingenuo
enredo y sus gracias hicieron las delicias del público, hasta el
punto que hubo de mantenerse en cartel de noche –siendo obra
de circunstancia– durante mucho tiempo. El año del Desastre
Arniches se consagraba como autor único y como maestro en
el género del sainete con el estreno de *El santo de la Isidra,*
que compartió escenario con *La Revoltosa,* cumbre del género
lírico español. Pero el mundo que aguardaba a la vuelta del si-

glo era mucho más sombrío que el finisecular ingenuo y risue-
ño de los barrios castizos, como recoge la pluma expresionista
de Baroja o la paleta tenebrosa de Gutiérrez Solana. Hacia ese
mundo, incluso hacia la colaboración con Baroja, se torna la
mirada del dramaturgo. El mundo teatral que había recogido al
autor en ciernes y le permitió crecer en su talento hasta los lugares más reconocidos por empresarios, actores, críticos y espectadores, declinaba. Su extinción se atisbaba en el horizonte
del desencanto histórico y social. Si hubiera sido Arniches autor de género habría desaparecido con él, como así sucedió con
sus mismos colaboradores.

En 1912, como signo de los nuevos tiempos, se rompió la
relación con Enrique García Álvarez, su más feliz y duradero
colaborador. Hasta entonces Arniches había buscado, con la
misma necesidad casi que los personajes cervantinos, un com-
pañero complementario en la invención escénica. Conocidas
son las anécdotas –como citarse en una barbería o recluirse
ambos en una bohardilla– experimentadas con García Álvarez,
de genio vivacísimo, para impregnar de realismo el acto de la
creación. Su sabiduría dramática se fue así formando, sobre las
tablas, entre ensayos y estrenos, entre músicos y personajes de
encendido vivir. Pero la historia, que asoma su triste gesto entre los intersticios de la convivencia social, orienta su imaginación por derroteros que concluirán en la tragedia grotesca.
Semillas de ello las trae ya el soldado derrotado en Filipinas,
que protagoniza *Doloretes* (1901), comedia dramática. O *La
pobre niña* (1912), víctima del más plomizo y destructivo pro-
vincianismo. Ya había experimentado la larga duración del argumento dramático con *La Cara de Dios* (1899), primera obra
en tres actos escrita en solitario. En el rechazo de Florita se adi-
vinan trazos de Soledad, la protagonista de este «drama de costumbres populares». Las caricaturas del sainete van decantan-
do trazos expresionistas al contacto de los tiempos. Del pesi-
mismo que invade el fin de época, derrumbada en el cataclismo
de 1914, se va haciendo eco el verbo dramático de Arniches.

Es 1916.

«Carlos Arniches triunfó de manera rotunda y definitiva con su nueva comedia, titulada *La señorita de Trevélez*, una de las mejores, si no la mejor del insigne comediógrafo. Arniches lleva escribiendo para el teatro veinticinco años y dando a las empresas los éxitos de más dinero. Es la salvación de las empresas, el sostén de millares de cómicos... [...] Arniches puede estar satisfecho del éxito de *La señorita de Trevélez,* y los aplausos entusiastas que el público le tributa a diario le consolarán seguramente de todos los ataques que los faltos de gracia le dirigen para censurarle el pecado de ser ingenioso y conocer el teatro como pocos». Pese a las bienintencionadas expresiones del crítico de *Blanco y Negro* –que no dio fotografías del estreno–, *La señorita de Trevélez* gozó de tibia acogida en una época de gran competitividad en la cartelera madrileña, lo que debió de sembrar más de alguna duda en su autor sobre la bondad de la obra. Arniches no se examinaba ante la crítica, aunque la escuchara, sino ante el público, que era quien emitía las señales indudables de acierto o error. Y el público, que seguía esperando los lances y el agudo ingenio reconocidos como marca de autor, debió quedar sorprendido y confuso con esta obra de engañoso subtítulo y final desconsolador.

Sin embargo, *La señorita de Trevélez* da paso a un segundo autor, ya anunciado, de proyección literaria, que alterna con el aclamado sainetero y comediógrafo. Así, en 1917 *La venganza de la Petra* sucede con clamoroso éxito y risas que aún hoy resuenan al drama de los Trevélez, mientras que el segundo autor serio, que pretende la lección, el modelo ejemplar, renace de aquellas bromas al siguiente año, para subir a los escenarios *¡Que viene mi marido!* (1918), primera de las tragedias grotescas así denominadas por el mismo Arniches, y que prolonga la línea dramática iniciada con *La señorita de Trevélez*. La vida de Arniches discurrirá discretamente hasta el fin de sus días, sacando de su atril de escritor títulos como *Es mi hombre* (1921), *La locura de Don Juan* (1923), *El solar de Mediaca-*

pa (1928), *¡La condesa está triste...!* (1930), *El señor Badanas* (1931) y *El casto Don José* (1933), todos ellos tragedias grotescas. Pese a lo que imaginaba, algunos de estos títulos han sobrevivido al autor y al público que los demandaba, procurándole asiento de primer rango en la historia de la literatura dramática española.

El auge de la industria cinematográfica, en años de la II República, reclamó la obra de Arniches que más éxito habían cosechado sobre los escenarios. A Edgar Neville impresionó «la mas irremediable solterona de todas las solteronas» que es «la solterona de provincias», y así imprimió las pantallas cinematográficas con la desventurada peripecia de Flora de Trevélez (1935). En estos años y en los del exilio nuestro autor trabajó para el cine que siempre había amado. Los últimos, retornado ya de Buenos Aires en 1940, tras cuatro años de ausencia, corrieron triste y lentamente parejos al de aquel Madrid arrasado por el más largo asedio de los tiempos modernos, al de aquel irreconocible Madrid habitado por un millón de cadáveres airados, donde toda huella de la dicharachera, bullanguera y despreocupada ciudad que dio alas a la imaginación de nuestro autor había sido aniquilada. Su último gran éxito lo había obtenido lejos de ella, en Buenos Aires, en 1937, con *El Padre Pitillo*. Más allá de su muerte, sus personajes, subidos a los escenarios, o desde las pantallas del cine y de la televisión, han seguido manteniendo vivo el ingenio bondadoso de quien los hizo ser. También lo recuerdan como maestro las gentes del teatro y como benefactor de la profesión al intervenir decisivamente en la fundación de la Sociedad General de Autores, y presidir durante años el Círculo de Bellas Artes, primer foco cultural de Madrid entonces.

3.- Cronología de Arniches

Año	Vida y Obra	Acontecimientos históricos y culturales
1866	Nace el 11 de octubre en Alicante.	Prim intenta un golpe de estado. Sublevación de San Gil. Dostoievski: *Crimen y castigo*. Verlaine: *Poemas Saturninos*.
1867		Periódico *El Imparcial*. Marx: *El capital*. Turgueniev: *Humo*.Tamayo y Baús: *Un drama nuevo*. Primeras manifestaciones del «género chico» en el escenario de El Recreo.
1868		Revolución. Exilio de Isabel II. Bécquer: *Rimas*.
1869		Constitución. Regencia de Serrano. La peseta, moneda nacional. Tolstoi: *Guerra y paz*.
1870		Reinado de Amadeo de Saboya. Asesinato de Prim. Galdós: *La Fontana de Oro*. Muerte de Bécquer.
1871		Elecciones generales. Carroll: *Alicia a través del espejo*. Enrique Gaspar: *El estómago*.
1872		Presidencia de Sagasta. Nietzsche: *El origen de la tragedia*.

1873		Tercera Guerra Carlista. I República Federal. Inauguración del teatro Apolo.
1874		Restauración monárquica. Valera: *Pepita Jiménez.* Echegaray: *El libro talonario.* Ricardo de la Vega: *Providencias judiciales* y *Los baños del Manzanares* (sainetes).
1875		Alarcón: *El escándalo.*
1876		Fin de la tercera Guerra Carlista. Institución Libre de Enseñanza. Galdós: *Doña Perfecta.*
1877		Servicio militar obligatorio. Tolstoi: *Ana Karenina.* Echegaray: *O locura o santidad.*
1878	Primeros balbuceos literarios.	Boda de Alfonso XII. Sellés: *El nudo gordiano.*
1879		Elecciones generales. Fundación del PSOE. Zola: *El naturalismo en el teatro.* Ibsen: *Casa de muñecas.*
1880	La familia de Arniches emigra a Barcelona.	Primera línea telefónica. Rosalía de Castro: *Follas novas.*
1881		Periódico *La Vanguardia.* Ibsen: *Espectros.* Echegaray: *El gran galeoto.*
1882		Ibsen: *Un enemigo del pueblo.* Menéndez Pelayo: *His-*

		toria de los heterodoxos españoles.
1883		Creación de la Mano Negra en Andalucía. Nietzsche: *Así habló Zaratustra.* Pardo Bazán: *La cuestión palpitante.*
1884		Galdós: *Tormento.*
1885	Residencia en Madrid. Gacetillero de *El Diario Universal, La Ilustración Artística Teatral, El Resumen.*	Muerte de Alfonso XII. Regencia. Clarín: *La Regenta.*
1886		Galdós: *Fortunata y Jacinta.* Pardo Bazán: *Los pazos de Ulloa. La Gran Vía* (zarzuela).
1887	*Cartilla y cuaderno de lectura (trazos de un reinado),* primera publicación.	Wilde: *El fantasma de Canterville.* Chejov: *Ivanov.*
1888	*Casa editorial. La verdad desnuda. Las manías. Ortografía* (comienza la colaboración con Chapí).	Palacio Güell, de Gaudí. Fundación de la UGT. Strindberg: *La señorita Julia.* Echegaray: *El hijo de carne y el hijo de hierro.*
1889	*El fuego de San Telmo,* con Cantó. *Panorama nacional,* con Celso Lucio. *Sociedad secreta,* con Sinesio Delgado.	Torre Eiffel. Hauptmann: *Antes del amanecer.*
1890	*Las guardillas. La leyenda del monje. Nuestra señora,* primer texto de sola autoría.	Sufragio universal masculino. Alumbrado público por electricidad. Zola: *La bestia humana.* Enrique Gaspar: *Las personas decentes.*

1891	*Candidato independiente.* *¡Victoria!*, con Manuel Labra.	Inauguración del edificio del Banco de España. Wilde: *El retrato de Dorian Grey.*
1892	*Los mostenses*, con Lucio y Cantó, primer texto en tres actos. *Los secuestradores. Los aparecidos.*	Whitman: *Hojas de hierba.* Maeterlinck: *Peleas y Melisanda.* Galdós: *Realidad.* Feliú y Codina: *La Dolores.*
1893	*Vía libre. El brazo derecho. El reclamo. Los descamisados*, con José López Silva.	Durkheim: *De la división del trabajo social.* Muere Zorrilla.
1894	*Los puritanos. El pie izquierdo. Las amapolas.* Contrae matrimonio con Pilar Moltó.	Diesel: *Teoría y técnica de la construcción de un motor térmico racional.* Wilde: *Salome. La verbena de la Paloma* (zarzuela).
1895	*El cabo primero. El otro mundo*, con Joaquín Abati.	Sublevación cubana. Invención del cinematógrafo. Pereda: *Peñas arriba.* Dicenta: *Juan José.*
1896	*La banda de trompetas* (segunda obra en solitario). *Los bandidos.*	*Salida de misa de doce del Pilar de Zaragoza*, de Eduardo Jimeno Correas, primera película española. Guimerá: *Terra baixa.* Unamuno: *La regeneración del teatro español.* Jarry: *Ubú, rey.* Chejov: *La gaviota.*
1897	*Plan de ataque.* Con Celso Lucio y Julio Pardo.	Asesinato de Cánovas. *Riña en un café*, de Frustuós Gelabert, primera película con argumento. *Agua, azucarillos y aguardiente. La revoltosa* (zarzuelas).
1898	*El santo de la Isidra* .	Desastre colonial.

1899	*La cara de Dios*, primera obra en tres actos escrita en solitario.	Valle-Inclán: *Cenizas*. Fundación de la Sociedad de Autores Españoles.
1900	Estreno de *¡A cuarto y a dos!*, de Celso Lucio y Gabriel Merino, parodia del drama *La cara de Dios*.	Regeracionismo de Joaquín Costa . Freud: *La interpretación de los sueños*. Azorín: *El alma castellana*. Vicente Blasco Ibáñez: *Entre naranjos*. Pío Baroja: *La casa de Aizgorri*.
1901	Estreno de *Doloretes*, cuyos réditos se destinaron a la Fundación de Autores Españoles.	Galdós estrena *Electra*. Chejov: *Tres hermanas*. Strindberg: *La danza de la muerte*.
1902	*El puñao de rosas*, con Ramón Asensio Más.	Coronación de Alfonso XIII. Blasco Ibáñez: *Cañas y barros*. Baroja: *Camino de perfección*. Azorín: *La voluntad*. Valle-Inclán: *Sonata de otoño*.
1903	*El terrible Pérez*, con Enrique García Álvarez.	Primer número de ABC. Antonio Machado: *Soledades*. D'Annunzio: *La figlia di Iorio*.
1904	*El pobre Valbuena*, con Enrique García Álvarez. *Las estrellas*, «sainete lírico de costumbres madrileñas», entre los preferidos del autor.	Se establece el descanso dominical. Freud: *Psicopatología de la vida cotidiana*. Pirandello: *El difunto Matías Pascal*. Chejov: *El jardín de los cerezos*. Premio Nobel a José Echegaray.
1905	*Los guapos*, con José Jackson Veyan.	Unamuno: *Vida de Don Quijote y Sancho*. Heinrich Mann: *El profesor Unrat*.
1906	*El pollo de tejada*, con Enrique García Álvarez.	Atentado en Madrid contra el Rey Alfonso XIII el día de

		su boda. Ramón y Cajal, Nobel de Medicina.Gaudí construye la *Casa Milá.* Gorki: *La madre.* Rosa Luxenburg: *Huelga de masas, partido y sindicato.*
1907	*Alma de Dios,* con Enrique García Álvarez.	Benavente: *Los intereses creados.* Valle Inclán: *Romance de lobos.* Strindberg: *Sonata de espectros.* Kokoschka: *El asesino, esperanza de las mujeres.* Picasso: *Las señoritas de Avignon.*
1908	*La carne flaca,* con José Jackson Veyan.	Benavente: *Señora Ama.* Marquina: *Las hijas del Cid.* Valle-Inclán: *Aguila de blasón.* Maeterlinck: *El pájaro azul.* Manifiesto del Teatro del Arte.
1909	*La alegría del batallón,* con Félix Quintana. *El método Górritz,* con Enrique García Álvarez.	Guerra de África. Semana Trágica en Barcelona. Baroja: *Zalacaín el aventurero.* Marinetti: *Primer Manifiesto Futurista.*
1910	*Mi papá,* y *La primera conquista,* con Enrique García Álvarez . *Genio* y *figura,* tres actos, con Joaquín Abati, Antonio Paso, y Enrique García Álvarez. *El amo de la calle,* con José López Silva, música de Rafael Calleja y libreto de Enrique García Álvarez. *El trust de los tenorios,* con Enrique García Álvarez *El puñao de rosas,* en versión cinemato-	Miró: *Las cerezas del cementerio.* Pérez de Ayala: *A.M.D.G.* Sorolla: *niños en la playa.*

gráfica por Segundo Chomón.

1911	*Gente menuda*, con Enrique García Álvarez y música de Quinito Valverde. *El pobre Valbuena*, película(Segundo Chomón).	Max Reinhardt estrena en Londres *El milagro*. Villaespesa: *El castillo de las perlas*.
1912	*El fresco de Goya*, y *El cuarteto Pons*, últimos trabajos en colaboración con Enrique García Álvarez. *La pobre niña*.	Protectorado en Marruecos. Asesinato de Canalejas. Machado: *Campos de Castilla*. Azorín: *Castilla*.
1913	*La gentuza. La piedra azul*.	Benavente: *La malquerida*. Unamuno: *Del sentimiento trágico de la vida*. Einstein: *Teoría general de la relatividad*.
1914	*El amigo Melquíades o por la boca muere el pez*.	Guerra Europea. Unamuno: *Niebla*. Kandinski: *De los espiritual en el arte*.
1915	*La casa de Quirós*.	Kafka: *La metamorfosis*.Joyce: *Retrato del artista adolescente*.
1916	*Serafín el pinturero*, con Juan G. Renovales. *La señorita de Trevélez*.	Batalla de Verdún. Griffith: *Intolerancia*. Benavente: *La ciudad alegre y confiada*. Granados: *Goyescas*.
1917	*La venganza de la Petra, o donde las dan las toman. Del Madrid castizo*, colección de sainetes rápidos.	Revolución Rusa. *El Sol*. Pirandello: *Así es si así os parece*. Apollinaire: *Las tetas de Tiresias*.
1918	*¡Que viene mi marido!*, primera tragedia grotesca.	Fin de la Guerra Europea. Unamuno: *Fedra* (estreno). Muñoz Seca: *La venganza de Don Mendo*.

1919	*Las lágrimas de la Trini,* con Joaquín Abati. *La flor del barrio.*	Fundación de la Bauhaus. Proust: *A la sombra de las muchachas en flor.*
1920	*Los caciques. No te ofendas, Beatriz.* Creación en Alicante de la Sociedad Teatral Arniches.	Fundación del PCE. Breton y Soupault: *Los campos magnéticos.* Primera Exposición Dadá, en Berlín. Valle-Inclán: *Farsa de la Reina Castiza.* Muere Galdós.
1921	*La chica del gato. La heroica villa. Es mi hombre.* Hijo predilecto de Alicante.	Asesinato de Dato. Desastre de Annual. Manifiesto Ultraísta. Pirandello: *Seis personajes en busca de autor.*
1922	*El mirar de sus ojos. La hora mala. La tragedia de Marichu.*	Murnau: *Nosferatu.* Lang: *El doctor Mabusse.* Brecht: *Tambores en la noche.* Joyce: *Ulises.* Benavente, Premio Nobel.
1923	*La locura de don Juan.* La misma, *El pobre Valbuena,* y *Doloretes,* en versión cinematográfica de José Buchs. *Los guapos o gente brava,* y *Alma de Dios,* en cine también, por Manuel Noriega.	Dictadura de Primo de Rivera. Freud: *El yo y el ello.* Le Corbusier: *Hacia una arquitectura.* Piscator: *Teatro proletario.* Lu Xun: *Llamada a las armas.* Revista de Occidente. Borges: *Fervor de Buenos Aires.*
1924	*Los milagros del jornal. La risa de Juana. Rositas de dolor. Don Quintín el Amargao, o el que siembra vientos....*	Tzara: *Siete manifiestos Dadá.* Breton: *Primer manifiesto surrealista.* Valle-Inclán: *La cabeza del Bautista; Luces de bohemia* (edición).
1925	*Don Quintín el amargao* (película) por Manuel Noriega. *La alegría del batallón* (película) por Maximili-	Desembarco en Alhucemas. Hitler: *Mi lucha.* Chaplin: *La quimera del oro.* Eisenstein: *El acorazado Potiomkin.*

28

	ano Thous. *La cruz de Pepita.*	Fitzgerald: *El gran Gatsby.* Dos Passos: *Manhattan Transfer.* Ortega: *La deshumanización del Arte.*
1926	*El último mono, o el chico de la tienda. ¡Mecachis, qué guapo soy! Es mi hombre* (película) por Carlos Fernández Cuenca.	Raid del Plus Ultra. Cocteau: *Orfeo.*Valle-Inclán: *Tirano Banderas.* Primeras representaciones de la compañía *El Mirlo Blanco.*
1927	*Me casó mi madre o las veleidades de Elena. El señor Adrián el primo o ¡Qué malo es ser bueno!.*	Fin de la guerra en Marruecos. Heidegger: *El ser y el tiempo.* Hesse: *El lobo estepario.* Valle-Inclán: *Martes de carnaval.* Generación del 27.
1928	*El solar de Mediacapa. La piel del lobo.*	Brecht: *La ópera de los tres peniques.* Dalí-Buñuel: *Un perro andaluz.* García Lorca: *Romancero gitano.* Muere María Guerrero.
1929	*Para ti es el mundo.*	Gran Depresión. Exposición Universal de Barcelona, e Iberoamericana de Sevilla. Rómulo Gallegos: *Doña Bárbara.* Gómez de la Serna: *Los medios seres.* Faulkner: *El sonido y la Furia.*
1930	*El señor Badanas. ¡La condesa está triste...!* El Ayuntamiento de Madrid rotula una calle con el nombre de Carlos Arniches.	Dimisión de Primo de Rivera. Pacto por la República. García Lorca: *El público* y *Así que pasen cinco años.*
1931	*La diosa ríe. Vivir de ilusiones. Homenaje de Madrid a Arniches.*	II República. Giraudoux: *Judith.* Huidobro: *Altazor.* Misiones Pedagógicas de Casona.

1932	Discurso de recepción del Presidente de la República, en Alicante. Primer año sin estreno.	Sanjurjada. Estatuto de Cataluña. Artaud: *Manifiesto del teatro de la crueldad.* Aleixandre: *Espadas como labios.*
1933	*Las dichosas faldas. Las doce en punto. El casto don José.*	Casas Viejas. Fundación de Falange Española. Valle-Inclán: *Divinas palabras.* García Lorca: *Bodas de sangre.* Casona: *La sirena varada.*
1934	Sin estrenos. Placa conmemorativa en su casa natal.	Revolución de Asturias. García Lorca: *Yerma.*
1935	*La tragedia de pelele. Don Quintín el amargao* (cine: Luis Marquina). *La señorita de trevélez* (cine: Edgar Neville). *Es mi hombre* (cine: Benito Perojo).	Creación del Frente Popular. *Nueva escena*, sección teatral de la Alianza de Intelectuales Antifascistas. García Lorca: *Doña Rosita la soltera o el lenguaje de las flores.*
1936	*Yo quiero. Bésame, que te conviene.* Guión de *¡Centinela alerta!*, película basada en *La alegría del batallón* (Jean Grémillon). En el vapor *Campana*, parte con su familia hacia el exilio.	Victoria electoral del Frente Popular y Guerra Civil. Jardiel Poncela: *Morirse es un error.* Casona: *Nuestra Natacha.* García Lorca: *La casa de Bernarda Alba.* Mueren Unamuno y Valle-Inclán. Muñoz Seca y García Lorca, asesinados.
1937	Arriba a Buenos Aires. Estreno allí de *El padre Pitillo*, y se repone *Es mi hombre. La casa de Quirós* (cine argentino: Luis Moglia Barth).	II Congreso Internacional de Escritores Antifascistas. Picasso: *Guernica.* Miguel Hernández: *Viento del pueblo, teatro en la guerra.*
1938	*La fiera dormida,* y *El tío Miserias,* estrenos en Buenos Aires. Navidades en París	Primer gobierno franquista. Batalla del Ebro. Anexión de Austria por el III Reich. Artaud: *El teatro y su doble.*

		Sartre: *La Náusea*. Wilder: *Nuestro pueblo*.
1939	Retorno a Argentina. *El padre Pitillo*, reestreno en Madrid. *¡Que viene mi marido!* (cine mexicano: Chano Urueta).	Fin de la Guerra Civil. Inicio de la Guerra Mundial. Creación del CSIC. Muere Antonio Machado.
1940	Retorno a España. Reestreno en Barcelona de *El tío Miserias*.	Construcción del Valle de los Caídos. Inauguración del Teatro Nacional María Guerrero. Jardiel Poncela: *Eloísa está debajo de un almendro*. Benavente: *Aves y pájaros*.
1941	*El hombrecillo*	División Azul en Rusia. *La Codorniz*. Brecht: *Madre Coraje y sus hijos*.
1942	*Ya conoces a Paquita.*	Cortes franquistas. Cela: *La familia de Pascual Duarte*. Muere Miguel Hernández.
1943	*Don Verdades* (estreno póstumo). Muere el 16 de abril, dos meses después de su hija Rosario. Entierro multitudinario. Homenajes en Madrid y Alicante. Se repone la placa en su casa natal, arrancada durante la Guerra.	Sartre: *Las moscas*. Brecht: *Galileo Galilei*. Mihura: *Ni pobre ni rico sino todo lo contrario*.

4.- Configuración literaria

La señorita de Trevélez parte de un conflicto previamente planteado: dos jóvenes enamoradizos y desocupados, Pablo Picavea y Numeriano Galán, rivalizan por conquistar los favores de una muchacha, Solita, que sirve en casa de los hermanos Trevélez. Este conflicto es el planteado en numerosos sainetes de la época, desde *La verbena de la Paloma* (1894) de Ricardo de la Vega hasta *El santo de la Isidra* (1898) del mismo Arniches. Pero nuestro autor lo quiere utilizar ahora como reactivo para experimentar los comportamientos de una clase media provinciana carente de empeños y preocupaciones. La obra comienza con la solución del conflicto, disolviéndolo en otro de mayor nivel y potencialidad dramática: el noviazgo forzado de uno de los pretendientes, Numeriano Galán, con Florita de Trevélez. De este modo Arniches imagina una solución novedosa para una situación dramática trillada, y se adentra por un territorio poco conocido. A la luz de este conflicto, que se instala en el corazón de la obra, se permitirá el examen de caracteres nuevos y el discernimiento de situaciones dramáticas enmarañadas, no ensayadas anteriormente.

Así, *La señorita de Trevélez* da nuevos personajes y nuevos conflictos a la escena española, partiendo de lo conocido y ensayado hasta la trivialidad. El conflicto de partida (primer acto) se reproduce entre los dos galanes, nada convencidos esta segunda vez de disputarse los sentimientos de Florita (segundo acto). Si antes ambos jóvenes ardían en deseos de conquista por la fámula de los Trevélez, quien ahora disfruta de los ardores de la pasión es la señora, Florita. El primer conflicto se invierte en el segundo acto, por disposición del autor de la farsa, Tito Guiloya: será ahora el galán burlador, Pablo Picavea, quien se postre forzadamente ante Flora, simulando una pasión desesperada. De un conflicto de sainete, disimulado en vestimentas y escenarios burgueses, se ha pasado a un conflicto romántico –lance de honor incluido- que muestra sin recato la artificiosidad de su trama: ni una ni otra situación entrañan lecciones vitales, se trata de un teatro inhábil para la praxis social. *Per negationem* conduce hacia la verdad. Florita deja entrever la ilusión insatisfecha en su vida, que no es exactamente la del amor, sino la del matrimonio. El amor es poco más que una

impostura derivada de ese objetivo primordial, una teatraliza-
ción de la vida. El personaje se torna descaradamente auténti-
co, aunque para ello Arniches recurra de nuevo a la caricatura
cómica. Lo que teme Florita (acto tercero) no es perder a su
prometido, sino la posibilidad de matrimoniar, sea el que fuere
de ambos pretendientes. La solución que su imaginación, for-
mada en el drama romántico, le procura para vivir en el futuro
desamor es muy distinta de la que en verdad le aguarda al final
de la comedia. No le espera convento alguno donde recoger su
dolor, sino sus mismas habitaciones, sus libros, sus partituras y
su piano mal pulsado, que le devolverán a una vida anodina, de
tristes sueños frustrados. Los sentimientos amorosos no colma-
dos se marchitarán en el aburrimiento vital, en el siglo de Arniches ya no pueden trascender a lo divino. Su hermano Gonzalo
también arroja la máscara del personaje que venía representando en la obra para revelar el motor que determina su comport-
tamiento social. Su deseo desborda la caracterización que a sí
mismo se ha procurado. En su intimidad lucha por una plenitud
vital que se desvanece entre sus monótonos días, sin recompen-
sar los sacrificios hechos en aras de una felicidad inalcanzable,
la de su hermana. Cuando la ilusión del matrimonio se presenta
ante él con toda crudeza, solo le queda perseverar en la renun-
cia a su propia vida, a su propia felicidad. Deberá perseverar
en la amarga impostura del dandismo diletante. *La señorita de
Trevélez* desemboca así en un verdadero drama sin solución.

A estas novedades había que buscarle marbete tipológico
que las abarcara y caracterizara. El de «farsa cómica» emplea-
do por el mismo Arniches no podía responder a esa necesidad.
Si Arniches la rotuló así, lo hizo seguramente por respetar una
ley sagrada del comercio teatral, como es el reclamo del público. Su fama le obligaba. Pero puede que la intuición de perse-
guir un nuevo teatro fuera más avanzada que su ejecución. Arniches podía interpretar su obra como una farsa con enredos y
chistes propios del género, un castigo de costumbres más acer-
bo que en ocasiones anteriores. Insistir en la búsqueda y en la

renovación le condujo hasta el concepto: la tragedia grotesca. De cuantas escribió ya bajo esta idea, la que el tiempo ha mantenido por encima de todas ha sido precisamente la que Arniches no consideró como tal, aunque sí los críticos: *La señorita de Trevélez.*

Hay quien la entiende, la tragedia grotesca, como un sainete ensanchado, acaso por amarrar al autor a sus orígenes; hay quien la quiere tragicomedia –y así, atenuando cuanto de farsa hay en la obra y acentuando los contrastes bien de la comedia, bien de la tragedia, ha pasado a las versiones cinematográficas de Neville y Bardem, o a las últimas reinterpretaciones escénicas–; hay, en fin, quien la tiene por comedia, sentimental o dramática, tejida con un hilo de comicidad y otro de sentimentalidad, a la manera de la comedia clásica española de Lope de Vega y Moratín. El sesgo dramático lo cobraría de un final infeliz, que deja en suspenso las expectativas del público. En todas estas interpretaciones se pueden encontrar puntos de vista acertados: cierto es que el género conserva el trazo caricaturesco del sainete, pero si antes era bienintencionado para provocar una despreocupada hilaridad, ahora la deformidad tiende hacia el expresionismo por el que la risa se congela al poco, al descubrir una segunda intención en ella; cierto que el ascenso social del mundo representado inserta el asunto en el género de la comedia, dramática o trágica, pero la exageración argumental le priva de la verosimilitud necesaria; y que se observan elementos trágicos también es cierto; cierto que Gonzalo de Trevélez desoye con soberbia el aviso trágico: «¡Una broma!... no sueñes con ese absurdo. Ya sabe todo el mundo que bromas conmigo, cuantas quieran. Las tolero, no con la inconsciencia que suponen, pero en fin, con esa amable tolerancia que dan los años; pero una broma de este jaez con mi hermana será trágica para todos. Sería jugarse la vida sin apelación, sin remedio, sin pretexto. Te lo juro por mi fe de caballero» (primer acto, escena XIV); cierto que farsa y tragedia comparten idéntica finalidad –la admonición–, aunque se sirven de estrategias diferentes: el contagio de la risa, la reducción por el temor; en *La señorita de Trevélez* el ridículo en caracteres y situaciones administra eficazmente el primer efecto. Pero para el segundo, el del temor, faltan los graves riesgos y las grandes esperanzas que deberían turbar el ánimo de los espectadores si contemplaran una tragedia. No hay asunto trágico, al menos en la imaginación de Arniches. Para ser grotesca, la tragedia ha de desnaturalizarse. Así, el temor en *La señorita de Trevélez* corre por cuenta de unos ridículos donjuanes, cuya peripecia les impide parecer patéticos, y sí risibles. La convención que preserva la superioridad del público respecto de los personajes en los géneros humorísticos queda así salvaguardada. Imposible, pues, la compasión como recurso orientador de una praxis. Tampoco resulta trágico el lenguaje, que no encierra concepto alguno trascendente: ni destino, ni ley, ni amor, ni salvación etc. Arniches, guiado de su intuición y de su gran experiencia en los escenarios, toma elementos de cada género y los mezcla con una habilidad tal que nos hace olvidar su origen, conformando así el suyo propio. Si el esperpento es género unipersonal de Valle-Inclán, la tragedia grotesca lo es de Arniches.

Nada más empezar *La señorita de Trevélez* abre un marco para la farsa. El autor de esta farsa, Tito Guiloya: «Compañeros. Empieza la farsa. Jornada primera» (escena I). El suceso de esa jornada primera se desarrolla a partir de la escena segunda de la obra, bajo las previsiones de su autor. La farsa ocupa el primer acto, dedicado al planteamiento dramático. Todos los personajes están apercibidos del juego, salvo los hermanos Trevélez. Unos como colaboradores, los miembros del Guasa Club; otro como espectador curioso y entrometido, Don Marcelino, y otro como víctima, Numeriano Galán. Los Trevélez, en cambio, permanecen en la ignorancia hasta el desenlace de la obra. Para ellos la farsa representa el augurio de su fatalidad. Pero son inconscientes de ello. Gonzalo desatiende los avisos y se deja confundir por los señuelos. Florita contribuye a la intensificación de la farsa con su actuación al final del acto primero, poniendo en evidencia la artificiosidad de todos los personajes. El segundo acto, que desarrolla la situación dramática planteada en el primero, abre otro marco para la representación teatral. El reparto de papeles sigue siendo el mismo. Esta vez Tito Guiloya, hipóstasis del verdadero autor, urde un drama romántico –«se trata de representar un drama romántico» (escena VIII)–, con escena de seducción, abatimiento de la amada y final en inevitable duelo incluidos. Gonzalo ejerce de comendador, Florita de amada escarnecida, y Picavea de relevo de Numeriano Galán como falso tenorio calumniador. El conflicto tardorromántico parece así una complicada inversión del sencillo y costumbrista conflicto inicial. Con ello Guiloya agota los recursos de su imaginación, y como autor se desvanece. En el tercero, donde se desenredan los enredos y se alcanza la nueva situación final, es Arniches quien toma los hilos de la trama para conducirla hacia un término no visto ni ensayado, que se adentra en los linderos de lo trágico. Degrada a Guiloya, devolviéndolo a su condición de personaje –ahora es él quien ignora la trama que se le viene encima–, y haciéndole salir a escape de la escena, perseguido por sus ridículas criaturas, Picavea y Galán –dos personajes fundidos ahora solo en uno– sable en mano. Los demonios que ha creado quieren hacer escarmiento en él. Así huye la farsa, se borran las caricaturas y aparecen los personajes que arriban al doloroso esclarecimiento de sus conciencias. Florita ya no podrá seguir componiendo su personaje romántico, Gonzalo habrá de pechar con la carga del ridículo que le impedirá asimismo mantener el suyo. Su confesión final lo rescata para la verdad trágica. Su peripecia se torna una verdadera experiencia teatral que concluye con el esclarecimiento de la verdad subyacente a las acciones sociales. La verdad trágica desplaza la farsa para ocupar el centro del drama. La risa ha cesado.

En *La señorita de Trevélez* Arniches recurre a la parodia para hacer capítulo de la historia dramática reciente. El primer acto fuerza el estilo realista del sainete para «teatralizarlo»: los personajes no parecen hablar por sí mismos, sino en función de los códigos imperantes de la comicidad. El segundo acto avanza con lentitud innecesaria hacia la parodia del teatro poético que estaba llegando a los escenarios españoles como novedad europea. A mediados del acto, cual Melisande sin leyenda aparece Florita entre «el ramaje del fondo de la fuente» (escena V) de su propio jardín, llamando «melodiosamente» no a Peleas sino a su «Nume», el ridículo Galán. Lo que para Florita es encarnación, para su comprometido es «visión»; lo que para ella poesía en estado natural, para él afectada retórica que se ve obligado a imitar. El abismo entre ambos abre perspectiva a la comprensión corrosiva del espectador, que cobra así conciencia de la falacia encerrada en ese nuevo teatro simbólico, apartado de la experiencia vital. El mismo acto propone una nueva parodia, ahora del drama finisecular, cuya artificiosidad destaca la sobreactuación de su autor, Tito Guiloya: «Decoración: este jardín; la noche… la luna… Argumento: con cualquier motivo se procura que la señorita de Trevélez venga hacia aquí. Tras ella aparece Picavea… […] Picavea, apelando a un recurso cualquiera denota su presencia. Ella, sorprendida al verle, dirá: «¡Ah! ¡Oh!»; en fin la exclamación que sea de su agrado; y entonces éste, con frase primero emocionada, luego vibrante y al fin trágica, le da a entender en una forma discreta que hace tiempo que la ama de un modo ígneo […]» (escena VIII). Ambos estilos parodiados, el poético simbólico y el declamatorio finisecular, languidecen en el tercer acto, donde acaba por imperar un estilo verista, por el que el lenguaje se incorpora naturalmente a la necesidad expresiva del personaje.

Bajo el signo de la parodia *La señorita de Trevélez* concibe a sus personajes y los conduce hacia diferentes destinos. Los dos galanes, tan enfrentados que hasta a la violencia física llegan, acaban en uno, una vez invertidos sus papeles y tras haber experimentado el mismo pánico ante el señor de Trevélez. Con teatralidad parecida abandonan juntos el foro en persecución de Tito Guiloya, como purga de su donjuanismo, y disolución del club de guasones. Éstos, con Tito Guiloya y Solita, representan una generación juvenil que contrasta y entra en conflicto con la de sus mayores. El líder de la misma es Tito Guiloya, que de autor aclamado acaba en la abyección, retirándose indignamente del escenario. El personaje resulta antipático hasta al mismo autor, que lo quiere «bastante feo, algo corcovado, de cara cínica, biliosa y atrabiliaria» (acotación de la escena I del primer acto). En su papel de segundo autor es antagonista de don Marcelino. Ascendido aquí a catedrático de instituto, es éste personaje de sainete, el zapatero Eulogio en el *El santo de la Isidra*. Su funcionalidad consiste en establecer el eje de equilibrio sobre el que ha de girar la obra. Escucha a unos y a otros, lo que le concede una perspectiva semejante a la del público. Pero más aún, parece mensajero del autor, a la escucha de sus personajes y en diálogo con ellos. Es quien media en las situaciones, sin oponerse a que sigan su curso. Su discreción no está reñida con su presencia permanente sobre el escenario, incluso sin cometido en alguna escena. Mensajero, o presencia vicaria del autor en la historia, anuncia al comienzo de la representación su tesis en defensa de la lectura como pilar de la educación social –habría que recordar que por entonces los analfabetos eran fuerte mayoría en la sociedad española–; y cierra la obra cobrando todo el protagonismo con la misma tesis, explayada ya en discurso hacia el público. Su edad, que es la edad de Arniches y la del público que lo seguía de tiempo atrás, así como su condición de catedrático le proyectan en una esfera inalcanzable para Tito Guiloya, lo que impide cualquier posibilidad de conflicto directo y explícito entre ambos. Pero es él quien lo arroja violentamente del escenario. Como *Niebla*, publicada dos años antes, *La señorita de Trevélez* introduce el asunto de la relación entre autor y personajes, o lo que es lo mismo, la reflexión sobre la creación, que se irá imponiendo en la poética teatral de años venideros hasta su definitiva exposición en *Seis personajes en busca de autor*, de Pirandello.

A la misma generación que don Marcelino pertenecen los

hermanos Trevélez, por lo que la comedia presenta el conflicto amoroso como generacional, fuertemente codificado en motivos como el del casamiento engañoso, o el de Susana y los viejos. El orden natural de los amores entre Solita y sus dos galanes es destruido por la intromisión de Florita, de mayor edad y señora de la joven. Ni de una, ni de otra circunstancia se percata la protagonista. Para ella Solita nunca es rival, aún cuando la ve conversando con Picavea. Pero es que en Florita no caben las sospechas, los recelos, porque no anidan en su mente la realidad ni las personas que la pueblan. Su mundo discurre entre un piano principiante, un aria mal cantada, un beso de novela y un lacrimógeno final cinematográfico. Tampoco en ese mundo se plantean conflictos de edades, porque en él la edad es una ilusión inmarcesible. Habla, ve y siente como ha aprendido en los modelos artísticos decadentes de su tiempo. Ha contraído el mal del siglo. Es una lánguida heroína del modernismo sometida al ridículo por una implacable mentalidad realista. Florita está a la espera de que un fuerte viento vital la arrebate de la consolación esteticista. Todo su espíritu se concentra en una frase: «La felicidad es un pájaro azul que se posa en un minuto de nuestras vidas [...]» (segundo acto, escena quinta). Cuando la repita, abriendo la escena segunda del tercer acto, ya no parecerá una heroína modernista, sino más bien una desgalichada Ofelia «con una bata y el pelo medio suelto». Su mente ha quedado troquelada por el dramón romántico desatado en torno a sus amores, y ya no piensa otra cosa que seguir su trágico destino literario: recluirse en un convento. La obra deja sin resolver si ese habrá de ser su destino final o se abandonará, como hasta ahora, a los cuidados de su hermano. En todo caso para ella la felicidad ha durado poco menos que medio acto, apenas quince días de su vida dramática.

Don Gonzalo es el portador de la ridícula tragedia que puede originar una broma. Y como héroe trágico se debate ante la impotencia. Sus actos no podrán doblegar el curso de los acontecimientos, antes bien, lo favorecerán tan eficaz como invo-

luntariamente. Su efusividad fuerza el noviazgo de su hermana, y al querer precipitar la boda propiciará una reacción igualmente alocada de los conjurados en la broma, en procura de
una solución que devuelva la situación dramática a su principio. Pero esto resulta imposible. Ya no se puede restituir el
equilibrio inicial, lo que supondría invalidar la experiencia dramática. La broma se impone por sí misma, enmarañándose im-
placablemente hasta su final. Una vez más la vehemencia de
Gonzalo al urgir al duelo acorta el plazo para el cumplimiento
de su trágico destino. Como Edipo la ceguera, acepta Gonzalo
el ridículo. Pero como a su hermana Florita, su pretenciosidad
y su diletantismo —si su hermana se inclinaba por la música, la
novela y el cine, a él le toca la poesía y la pintura— le impiden
toda proyección grandiosa, propia del héroe. Sobre él se prolonga la farsa que Tito Guiloya dejó inconclusa. Éste, al principio de la obra, cuando la farsa apenas había empezado a andar,
advierte: «La burla es conveniente siempre; sanea y purifica;
castiga al necio, detiene al osado, asusta al ignorante y previene
al discreto. Y, sobre todo, cuando, como en esta ocasión, escoge sus víctimas entre la gente ridícula, la burla divierte y corrige» (acto primero escena I). Este pensamiento, que encierra toda una teoría sobre la comedia, es más propio de Arniches que
de su personaje, y es el que prevalece hasta el final. La farsa,
pues, se extiende de principio a fin, porque en ningún momento se aparta de la finalidad anunciada. Contra quien finalmente
combate Gonzalo, en su trazado de héroe trágico, es contra la
voluntad del autor, que lo quiere víctima ejemplarizante de la
farsa.

De este modo se entiende que a Arniches más que los personajes le interesara el mensaje que quería transmitir. Dio consis-
tencia a sus criaturas, cierto es, hasta el punto de que han podido prolongar su peripecia en versiones, adaptaciones y recreaciones posteriores. Pero para él lo importante era llegar cohe-
rentemente al discurso final de don Marcelino, como lección
que una generación ha de pasar a la siguiente para fundamentar

en saludables principios la convivencia social. Esta lección impone la verdad dramática sobre la parodia del drama de honor que hasta las últimas escenas ha estado siguiendo. Siendo su finalidad bienintencionada, no se percató de que había dado al repertorio dramático español una obra profundamente cruel, de una crueldad que desfigura las risas sembradas en la superficie del texto. Esta crueldad es la que otorga a la obra superioridad sobre el mismo autor, y, paradójicamente, lo eleva a éste a los primeros puestos en el parnaso español contemporáneo.

5.- Puesta en escena

Quizá como reacción al exceso de la imaginación romántica, la *mise en abyme* se introduce como señal de identidad en el realismo que parte de mediados del XIX y alcanza a Arniches. *Un drama nuevo* (1867) de Tamayo y Baús –de quien se nombra en *La señorita de Trevélez* su título *Locura de amor* (1855)– seguía emocionando al mismo público que acudía a los estrenos de Arniches. El verismo de *Pagliacci* (1892) volvió a conmocionar la escena internacional, en particular a la española, donde el movimiento italiano imperó a otras tendencias europeas. No es de extrañar así que Benavente se acogiera a esta fórmula de éxito para *Los intereses creados,* estrenada en el mismo teatro Lara nueve años antes que *La señorita de Trevélez.* En ella el autor presenta su «farsa» como asunto de muñecones «*grotescos*» encarnados en personajes dramáticos. La diferencia con estos predecesores consiste, como señala Zatlin (1992), en que las criaturas de Arniches son involuntarios actores de la función que ignoran estar representando. En todo caso, esta situación obliga a consideraciones escenográficas e interpretativas, que suponen novedad para la época.

Cada acto de *La señorita de Trevélez* discurre en un único escenario. El primero abre el salón de lectura de un casino provinciano, que bien puede recordar a tantos casinos como el ovetense descrito por Clarín en *La Regenta*. Por acentuar el verismo y dar profundidad a la escena, generando una perspectiva ensayada ya en la representación pictórica renacentista de espacios cerrados, Arniches previene al fondo la visión de una fachada próxima, la de la casa de los hermanos Trevélez, y por medio una calle que el espectador ha de imaginar. De ella, oculta a la vista, brotará en la escena sexta una música zarzuelera, interpretada por una compañía de músicos malsonantes, para hacer burla de Gonzalo Trevélez, lo que motivará su aparición al fondo para lanzar desde sus balcones denuestos hacia las bambalinas. El escenario se ha comportado así como una caja de resonancia, que muestra –imagen acústica: sonidos– cuanto oculta –imagen plástica: músicos–, en juego de dentro/fuera. Esta conjunción de espacio cerrado, en primer plano y abierto, en segundo, será aprovechada por dramaturgos posteriores, como Antonio Buero Vallejo, quien en *Un soñador para un pueblo,* los invierte e incomunica. Antes que a Gonzalo el público ha visto aparecer en el foro a Solita (escena IV), enmarcada por el punto de fuga que supone el ventanal del casino. A quienes dialogan con ella, Picavea y don Marcelino, obliga la escenografía prácticamente a dar espaldas al público. En la escena IX vuelven a abrirse los balcones del fondo para presentar cara al público, en el mismo lugar que a la criada, a Florita de Trevélez, que repite aparición con gran aparato de teatralidad en la escena XVI, la última del primer acto. La división del escenario en dos planos con punto de fuga según perspectiva horizontal permite así alejar o aproximar al espectador la acción, en estudiada proporción rítmica según la sucesión de escenas.

La luz de media mañana realza el realismo del primer acto. La aparición de la protagonista, –«asoma entre las persianas la cara ridícula, pintarrajeada y sonriente de la señorita de Trevélez»–, al final de la escena octava; y la anterior de su hermano, a medio vestir y en pleno rasurado, acentúan su respectiva caracterización como «muñecones grotescos», requerida por la farsa. Dependerá de la intención con que se interprete la obra acentuar más o menos esta caracterización. También se puede apreciar en estas escenas que invaden el espacio público un reverbero del sainete que tanto éxito le había procurado a Arniches. Se aseguraba así un efecto cómico que su público habría de reconocer y apreciar. Este efecto cómico se refuerza con el de la suplantación de personajes, que garantiza siempre la sorpresa y la risa: el público, el conserje Menéndez y Numeriano Galán que esperan la aparición de la turgente Solita, quedan sorprendidos ante la visión del espantajo de Flora; contrasta el azoramiento de ésta con el desparpajo de la criada. La brusca aparición de Gonzalo, interrumpiendo su aseo, viene precedida por una estropajosa ejecución musical. Todas estas acciones entre los dos planos escénicos favorecen la ocasión de otro recurso cómico de seguro efecto: el entrecruzamiento de diálogos, que crea confusión y distorsiones en contrapunto humorístico. El ingenio verbal impuesto a los personajes, así como las constantes carcajadas, completan la caricatura burlesca.

El escenario del segundo acto contrasta fuertemente con el del primero. Se abre a los insondables abismos de la noche, que difusamente aclara la luz de la luna. Al jardín, de profusa vegetación levemente iluminada, alcanzan las luminarias del salón de los Trevélez, donde se celebra la presentación de los novios. Una fuente acaba por componer el paisaje propicio para los efluvios poéticos de las soledades modernistas. Pero este escenario, donde debiera imperar el espíritu soñador de Florita, se queda mudo ante su nueva figuración: un inapropiado color salmón que la viste y un peinado estrambótico le prestan una presencia esperpéntica, al decir de sus detractores; con tales aderezos repite espectacular aparición, asomando entre la floresta, cual musa legendaria, su rostro torturado por el desaliño y la fealdad. Cuantos dulces acentos y retórica sentimental emplea mueren en su corto aliento y en las respuestas huidizas de su impostor galán. Aunque juntos, podría decirse que no comparten mismo escenario. El de Florita es un escenario simbólico, interior, que rima con su estado mental y provoca sus impulsos amorosos, mientras que el de Numeriano Galán es un escenario puramente exterior y hostil. Las reacciones de cada cual, con la consecuente inversión de la convención amorosa –pues concede toda iniciativa galante a la dama mientras el varón se retrae y desmaya–, responde a esa relación dispar con el espacio.

El tercer escenario, en el último acto, devuelve la perspectiva del primero. Lo que al fondo alcanza la mirada ahora son los ventanales del casino. Y el espacio cerrado en primer plano es el salón de los Trevélez, convertido sorprendentemente en gimnasio de esgrima y boxeo. Es el salón de los tiempos modernos, de la moda deportiva que ridiculiza la anquilosada convención de los duelos de honor, el salón que ya no consiente en su recinto la «vieja farsa». En este acto ya no cabe el contrapunto costumbrista entre el espacio público y el privado. La acción se vuelca hacia el primer plano, y la fachada muda del casino al fondo queda como un detalle necesario para el realismo de la escena. Toda la disposición escénica se encamina a resolver, finalmente, el litigio entre farsa y tragedia, entre humor y dramatismo, entre hipocresía y sinceridad, entre ingenio expresivo y desnudez confesional. El espacio se cierra finalmente en torno a los personajes. El lenguaje y la interpretación han de ajustarse a este espacio donde no cabe ya doble representación. Los personajes acaban en su ser, despojándose de sus apariencias. La realidad se impone a la caricatura. Es el escenario, en fin, elegido como cátedra desde la cual el autor se hace oír por voz de don Marcelino, alterando la estructura comunicativa de la representación. Es ahora al público a quien se hace evidente que se dirige la catilinaria final. La crítica al estreno se resintió de este cambio brusco, que pulsaba la mala conciencia de la risa en los espectadores.

Arniches escribía para un empresario concreto, para una compañía de intérpretes, para un escenario, para un público cuyas expectativas conocía sobradamente. Ante este público quería revalidarse como autor de visión literaria y proyección social. Al empresario tenía que entregar, por tanto, una obra que prometiera negocio, que dependía exclusivamente de los ingresos por taquilla. Y a los actores, que también aportaban su séquito de admiradores, debía entregar los personajes que les convenían por aptitudes físicas y reputación profesional; la compañía determinaba el elenco como punto de partida para la concepción de la obra. Por ello, determinados personajes están recortados sobre el perfil de los actores que los habrían de representar. El público apreciaba la forma de hablar, la gestualidad, las inflexiones de sus actores preferidos, y el autor al componer su texto sabía que tenía que sacar rendimiento a tales potencialidades. En su edición del 4 de noviembre del 1916 el periódico *La Acción* informaba que Arniches había retirado de los ensayos el texto de *La señorita de Trevélez,* para reformar el segundo acto; cuatro días después volvía a informar que el autor había creado un personaje *ad hoc* –Numeriano Galán–para el actor José Isbert, que comenzaba su carrera. De igual manera había procedido con los primeros actores de la compañía del Teatro Lara, Emilio Thuillier y Leocadia Alba.

De ahí que las obras incurran en repeticiones y estereotipos –como se aprecia en *La señorita de Trevélez*– por complacer las expectativas del público, como sucede, por otra parte, en otros géneros literarios fuertemente codificados. Así, la creación de personajes más que en la observación de modelos reales, más que en la investigación psicológica o en el pulso espiritual, y más aún que en las necesidades de la trama –con ser éste un factor importantísimo– se genera en la extraordinaria capacidad de invención lingüística del autor. Veces hay que esta invención, sutilísima, encerrada en la escritura, se pierde sobre el escenario. Aún así, el efecto del lenguaje es tremendamente efectivo, incluso ahora, a un siglo pasado de su estreno. Es el teatro de Arniches –como el de Benavente–un teatro de la palabra, lo que abre un horizonte ilimitado de registros a la interpretación actoral.

A pesar de que la dicción imponía la primera norma en el arte teatral a comienzos del siglo XX, y a ella responde la composición de *La señorita de Trevélez,* las últimas representaciones han elegido como principio interpretativo otros fundamentos. La visión exterior, basada en la gestualidad y en el ritmo escénico, impera en la versión ofrecida en el Teatro Amaya de Madrid el año 2008, por la compañía de Tomás Gayo; la creación de personajes, según el método de la escuela neoyorquina, en la versión de John Strasberg para el Centro Dramático Nacional, en 1991. La primera exagera la teatralidad hasta un expresionismo histriónico, que no duda en acogerse a recursos del vodevil. La segunda busca equilibrar la exterioridad cómica con el crecimiento paulatino de los personajes, procurando muy hábilmente que sean éstos, y no el discurso moral de don Marcelino, quienes cierren la impresión global del espectador. La que mejor consigue este efecto de equilibrio es la versión para *Estudio 1* (TVE) de 1984, con José Bódalo al frente del elenco. Por lo que de las críticas del estreno histórico cabe deducir, es la interpretación de Bódalo la que más se aproxima a la brindada en su día por Emilio Thuillier. La dulzura de que se impregna aquí al personaje de Flora modula los contrastes entre el ridículo y lo patético, siendo estas opciones por las que se han decantado, respectivamente, las versiones teatrales de Gayo y Strasberg. De igual modo, el personaje de Galán se mantiene en la versión televisiva dignamente en su condición sin exagerar punto alguno los trazos histriónicos. Y Gonzalo, alter ego del autor, se muestra igualmente equilibrado y coherente con la variedad de registros por los que atraviesa. La cámara, en fin, ayuda mucho en la búsqueda del personaje, al aproximarlo en primeros planos a la mirada del espectador.

Las críticas al estreno de *La señorita de Trevélez* coinciden en resaltar las interpretaciones de los actores principales, sobre todo la de José Isbert, que le reportaría su definitiva consagración profesional. Nada dicen, en cambio, estas crónicas del aparato escenográfico. Se debe esto a que la función teatral no había cobrado aún otro valor espectacular que el de la actuación, parte sustantiva de la cual era la elocuencia. El arte de la luminotecnia no se había aún desarrollado, la función de dirección, que no existía, la desempeñaban bien el empresario de la sala, bien el de la compañía, al alimón con el autor. Que para la representación de *La señorita de Trevélez* se puso todo esmero da cuenta, no ya el reparto, sino la contratación de los mejores escenógrafos del momento. Al taller de Amorós y Blancas, discípulos de Amalio Fernández –a quien habían sucedido como escenógrafos del Teatro Real–, se encomendaron los actos primero y tercero. Realizados como pintura sobre papel, concordaban con el verismo de los intérpretes, representando con elegancia y austeridad la fachada de los Trevélez como una moderna vivienda muy cercana a las que habitaba el público madrileño asistente a la función. El escenario del acto segundo se encomendó a Fernando Mignoni, quien traía de Italia ideas renovadoras, y que colaboró estrechamente con Gregorio Martínez Sierra en su Teatro del Arte. El complicado escenario –para la época– previsto por Arniches ha sido resuelto de manera bien distinta en las representaciones referidas de los últimos tiempos. La de Gayo sitúa el balcón de los Trevélez, que debiera dar a la calle, a un extremo del escenario, lo que arroja la presencia de Gonzalo al mismo espacio interior del Casino desde el que le atisban Pablo Picavea y don Marcelino. La escena cobra así un aspecto de imposibilidad realista y cierto aire experimental. Esta impresión roza el absurdo al mantener el mismo escenario en el segundo acto, en que los personajes han de perseguirse por un jardín invisible, que sigue siendo el mismo espacio del Casino con algún cambio de mobiliario. Toda lógica y todo realismo se destruyen en esta escenografía, que obliga al espectador a imaginar un ámbito acorde con la situación y con lo que dicen los protagonistas, pero inexistente sobre el escenario. Las entradas y salidas de personajes se realizan por puertas que dan al foro, no al modo clásico, por los laterales, que es la que quiere Arniches, obligado por el obstáculo de los telones. La versión de Strasberg resuelve la escenografía de forma más poética. El casino se atiene a la acotación escenográfica original –el anterior se había transformado en un salón de billar–, y al fondo se abre una irreal ventana –carente de todo paramento– por donde asoman los personajes en casa de los Trevélez. Para hablar con ellos los personajes en el casino se dan la vuelta cara al público, por lo que quedan alineados con los del fondo. Esta disposición imprime un carácter ritual o existencial al momento, al generar un espacio abstracto al fondo y otro espacio vacío entre el escenario y el público, donde los sentidos de la vista y el oído han de reinterpretarse. La escenografía del acto segundo refuerza el ambiente bucólico al disponer un arroyo en el que Flora y Galán bañan sus pies. De nuevo la versión televisiva es la que más se sujeta a la imaginación de Arniches. La versatilidad del estudio, el enfoque de la cámara y el montaje resuelven las dificultades escenográficas del escenario. Es la más naturalista de las tres últimas propuestas.

Sin embargo, la más fiel al texto es la de Strasberg. Es la que lo da en su totalidad, sin reparo sobre la duración, desacostumbrada en nuestros días, o la extensión de algún parlamento. Es *La señorita de Trevélez* una obra larga, al uso de su época. Los planteamientos son demorados, las elipsis en la trama mínimas. El autor busca una sucesión de escenas encadenadas por una necesidad argumental inexorable. Por tal razón el primer acto, el más celebrado, es el más largo. Se despliega en dieciséis escenas que minuciosamente urden la situación. El segundo transcurre entre diez escenas, más breves: tal brevedad, junto con el cambio de escenario y de ambiente le procura un carácter de *intermezzo* romántico. Y el tercero, el más disconforme con las expectativas del público, se resuelve en ocho escenas, acelerando el fin, algo precipitado. Cada acto concluye con la acción *en alto*, por provocar el aplauso del público –que se había acostumbrado ya a reservarse para este final, sin interrumpir el curso de la representación– y también por estimular su curiosidad proyectándola hacia la reanudación. Quizás para el fin que perseguía hubiera necesitado Arniches más tiempo, pero la duración estaba determinada por la programación del teatro. Tras la representación de *La señorita de Trevélez* el Lara ofrecía un espectáculo musical, lo que obligaba a ajustar la función a los horarios anunciados. Tal vez por esa razón a la obra le falte alguna escena en el tercer acto, que torne menos brusca la conversión de los muñecones en personajes, la transformación de la farsa en drama.

En cambio, la versión de Gayo apuesta por todo lo contrario. En consonancia con el ritmo acelerado que imprime a la representación, y para ajustar la duración de la misma a la costumbre del público actual, suprime escenas y ahorra personajes; en el primer acto prescinde de la escena cuarta, con lo que Solita y el mayordomo celoso desaparecen de la obra; el acto segundo arranca directamente de la escena tercera, con lo que también suprime del elenco a los chismosos invitados amigos de los Trevélez; y en el tercero evita la lección de esgrima de la primera escena, por lo que el maestro de esgrima también se cae del cartel. La función televisiva respeta el orden de escenas, pero abrevia los parlamentos, como, por ejemplo, la recitación de los versos medievales del Arcipreste de Hita.

Por su complejidad de registros, *La señorita de Trevélez* ha sido entendida de muy diverso modo y así ha sido llevada a los escenarios. Una crónica del estreno afirmaba: «Nos hallábamos, por tanto, ante un buen éxito cómico exclusivamente, ajeno en absoluto a los deseos trascendentales expuestos a última hora por el comediógrafo […] Se nos escamoteaban los caracteres, en suma, suponiendo el autor que bastaban a su definición unos cuantos discursos prolijos emitidos en las últimas escenas de la comedia. De ahí que la idea informadora de su trabajo –el hecho de que una burla preparada por el inútil e inculto «señorito» español pueda destrozar una existencia– quedase enunciada y no desarrollada». Enrique Llovet, en contraste, escribía: «Hay un texto extraordinario que emociona y prende y obliga a la reflexión y aún al duro examen de la conciencia: *La señorita de Trevélez*. Su técnica es clásica. Su lenguaje es vital y jugoso sin apenas recreo alguno en el estilismo costumbrista. Los caracteres, por desgracia, aún rezuman dolor, crueldad, penas reservadas, crueles ligerezas, intemporalidades bien duras del alma española. Y las situaciones componen uno de los textos de mayor sensibilidad y tristeza de nuestra literatura dramática. Puede uno reír con este Arniches, naturalmente. Pero debajo de la formidable estimulación gráfica del autor hay un ánimo moral tan vivo, un quejido, una denuncia tan valerosa, que por sobre cualquier otro atributo estético hay que quedarse con el patetismo y la sacudida moral que esta comedia debe provocar en un espectador sensible». Desde una perspectiva más alejada, John Strasberg incluye a Arniches entre los últimos escritores victorianos, que pusieron empeño en mostrar la profundidad infecta de una sociedad superficialmente feliz.

6.- Criterios de edición

La edición en la que me baso es la de Manuel Seco (1993), primera de las modernas ediciones críticas y base de las posteriores, la de Andrés Amorós (1995) y la de Juan Antonio Ríos Carratalá (1997). Escalonadas unas en otras, remiten a la edición de 1931, revisada por el propio autor sobre la primera, del mismo año que el estreno, 1916. Si alguna ligerísima variante aún se observaba en la edición de Seco, como la onomatopeya para mandar silencio, han quedado corregidas en las posteriores, por lo que el texto puede darse como definitivo.

El aparato crítico se ha reducido a la mitad que en las anteriores. Se mantienen únicamente aquellas notas consideradas imprescindibles para la correcta comprensión del texto. Al lector se deja la divertida misión de descubrir el constante juego lingüístico en que se enreda el diálogo como uno de los re cursos humorísticos principales. He procurado que estas notas interrumpan lo menos posible la lectura, para no malograr el efecto perseguido por los personajes. Para ello, he recortado hasta el límite de la brevedad tanto la noticia como la redacción de las notas.

7.- Bibliografía

7.1.- Ediciones

ARNICHES, Carlos (1916). *La señorita de Trevélez, farsa cómica en tres actos,* Madrid, R. Velasco.
— (1917). *La señorita de Trevélez, farsa cómica en tres actos,* Madrid, La Novela Corta.
— (1932). *Es mi hombre. La señorita de Trevélez. Los milagros del jornal,* Madrid, Estampa.
— (1948). en *Teatro Completo,* vol. II, Madrid, Aguilar.
— (1954). *El amigo Melquíades. La señorita de Trevélez,* Buenos Aires, Espasa-Calpe.
— (1955). *La señorita de Trevélez, farsa cómica en tres actos,* Madrid, Biblioteca Teatral.
— (1967). *La señorita de Trevélez. La heroica villa. Los milagros del jornal,* Madrid, Taurus.
— (1969). *La señorita de Trevélez. Es mi hombre,* prólogo de Enrique Llovet, Madrid, Salvat-Alianza.
— (1991). *La señorita de Trevélez,* ed. de Manuel Cojo, Madrid, Bruño.
— (1993). *El amigo Melquíades. La señorita de Trevélez,* ed. de Manuel Seco, Madrid, Espasa-Calpe.
— (1995). *La señorita de Trevélez. ¡Que viene mi marido!,* ed. de Andrés Amorós, Madrid, Cátedra
— (1997). *La señorita de Trevélez. Los caciques,* ed. de Juan Antonio Ríos Carratalá, Madrid, Castalia.

51

— (2004). *La diosa ríe. La señorita de Trevélez. Es mi hombre,* Madrid, MDSBooks/Mediasat.

7.2.- Montajes

La señorita de Trevélez. Dirección: John Strasberg. Editor: INAEM. Fecha: 24-10-1991. Lugar: Teatro María Guerrero, de Madrid. Duración: 02:05:00. Consultar vídeo en la web: teatro.es.
La señorita de Trevélez. Dirección escénica: Mariano de Paco Serrano. Editor: INAEM. Fecha: 28-05-2008. Lugar: Teatro Amaya, de Madrid. Duración: 01:48:00. Consultar vídeo en la web: teatro.es.

7.3. Estudios

AYALA CANSECO, E.M. *Amorós y Blancas, escenógrafos naturalistas,* en http://www.soumaya.com.mx/navegar/anteriores/Anteriores09/4/EscenografosNaturalistas.html [fecha de consulta: 28.12.13].
CASTRO RICALDE , M. (2005). «De *La señorita de Trévelez* (1916) de Carlos Arniches a *Calle Mayor* (1957) de Juan Antonio Bardem»: *Revista de Humanidades.* Tecnológico de Monterrey, N°. 18, pp. 35-64.
FERNÁNDEZ HOYA, A. (2011). «*Es mi hombre* (C. Arniches, 1921); adaptaciones cinematográficas durante la censura franquista», *Contraluz: revista de investigación teatral,* N°. 5, pp. 267-288.
GÓMEZ, M. A. (1996). «La (trans)posición de una ideología: de *La señorita Trevélez* a *Calle mayor*» en *Estreno: cuadernos de teatro español contemporáneo,* N°. 2, pp. 45-50.
LENTZEN, M. (1967). «El teatro de Carlos Arniches», *Anales del Instituto de Estudios Madrileños,* N°. 2, pp. 357-367.
LÓPEZ SÁNCHEZ, L. (2010). «El humor en La señorita de

Trevélez: su recepción en el siglo XXI» en A*ctas del XIX Seminario Internacional del Centro de Investigación de Semiótica Literaria, Teatral y Nuevas Tecnologías*, ed. de Francisco Gutiérrez Carbajo, Marina Sanfilippo, José Nicolás Romera Castillo. Madrid: UNED, pp. 325-338.

McKAY, D.R. (1972). *Carlos Arniches*. New York: Twayne Pub.

OLIVA, C. y FRANCISCO TORRES MONREAL (1990). *Historia básica del arte escénico*. Madrid: Cátedra.

OLIVA, C. (2004). *Teatro español del siglo XX*. Madrid: Síntesis.

PERALTA GILABERT, R. (2007). *Manuel Fontanals, escenógrafo. Teatro, cine y exilio*. Madrid: Fundamentos.

RÍOS CARRATALÁ, J.A. (2006). «Dos presencias contrapuestas de Maurice Maeterlink: Carlos Arniches y los Martínez Sierra», en *El simbolismo literario en España*, ed. de Miguel Ángel Lozano Marco. Alicante: Universidad de Alicante, pp. 197-228.

RUGGERI MARCHETTI, M. (2008). «*La señorita de Trevélez*, de Carlos Arniches», *Assaig de teatre. Revista de l'associació d'investigació i experimentació teatral*, N°. 66-67 pp. 337-338.

RUIZ LAGOS, M. (1967). «Sobre Arniches. Sus arquetipos y su esencia dramática», *Segismundo: revista hispánica de teatro*, N°. 4, pp. 279-301.

SÁNCHEZ SÁNCHEZ, J.P. (2006). «*La señorita de Trevélez*, tragedia grotesca de Carlos Arniches». *Revista de Filología de la Universidad de La Laguna*, N° 24, pp. 225-236.

SALINAS, P. (2001). *Literatura española siglo XX*. Madrid: Alianza.

SOTOMAYOR SÁEZ, M.V. (1993). *La obra dramática de Carlos Arniches*. Universidad Autónoma de Madrid: Tesis Doctoral.

— (1994) «Itinerario textual de *A mí no me quiere nadie*, de Carlos Arniches y Antonio Paso», en *Anales de Literatura*

Española Contemporánea (ALEC), Nº 19, pp. 365-379.

— (1998). *Teatro, público y poder: la obra dramática del último Arniches.* Madrid: Ediciones de la Torre.

ZATLIN, Ph. (1992) «Metatheatre and the twentiethcentury spanish stage» en *Anales de Literatura Española Contemporánea (ALEC),* Nº 17, pp. 55-74.

MIGUEL NIETO NUÑO
Madrid, abril de 2014

Imágenes de montajes de la obra

La señorita de Trevélez, de Carlos Arniches, en versión de John Strasberg,
estrenada en el Teatro María Guerrero de Madrid el 24 de octubre de 1991.
Foto: Pedro Pablo Hernández. Archivo CDT.

El montaje de John Strasberg contaba con un reparto de 17 actores, en el
que figuraban, entre otros, Manuel de Bias, Inma Colomer, Pepe Gil,
Juanjo Prats y Pep Molina. Foto: Pedro Pablo Hernández. Archivo CDT.

Cartel de *La señorita de Trevélez,* estrenada en Madrid en 2008. Dirección de Mariano de Paco Serrano. Producida por Tomás Gayo. Archivo CDT.

La escenografía de este montaje era de Raimundo P. Arias y la iluminación de Pedro Yagüe. Archivo CDT.

El actor Balbino Lacosta, como Picavea, y Ana Marzoa, en el papel de Florita. CDT. Foto: Daniel Alonso. Archivo CDT.

Luis Fernando Alvés, como Numeriano Galán, Tomás Gayo, como Don
Gonzalo Trevélez, y Ana Marzoa, como Florita. Foto: Daniel Alonso.
Archivo CDT.

Pedro Miguel Martínez, en el papel de Marcelino Córcoles, y Balbino
Lacosta, como Picavea. Foto: Daniel Alonso. Archivo CDT.

En la resolución de la obra, Don Gonzalo Trevélez, Tomás Gayo, apunta a
Tito Giloya, aquí interpretado por Julio Escalda. Tras ellos los actores
Balbino Lacosta, Luis Fernando Alvés y Pedro Miguel Martínez. Foto:
Antonio Castro.

LA SEÑORITA DE TREVÉLEZ

Farsa cómica en tres actos

Estrenada en el Teatro Lara, de Madrid, la noche del 14 de
diciembre de 1916

Reparto

Personajes	Actores
FLORA DE TREVÉLEZ	Srta. Alba (L.)
MARUJA PELÁEZ	Srta. Herrero
SOLEDAD	Sra. Illescas
CONCHITA	Srta. Ponce de León
D. GONZALO DE TREVÉLEZ	Sr. Thuillier
NUMERARIO GALÁN	Sr. Isbert
MARCELINO CÓRCOLES	Sr. Ramírez
PICAVEA	Sr. Manrique
TITO GUILOYA	Sr. Mihura
TORRIJA	Sr. Ariño
PEPE MANCHÓN	Sr. Peña
PEÑA	Sr. Mora (S.)
MENÉNDEZ	Sr. Mora (S.)
CRIADO	Sr. Pacheco
DON ARÍSTIDES	Sr. Balaguer
LACASA	Sr. Mora (J.)
QUIQUE	Sr. Gómez
NOLO	Sr. Rubio

La acción en una capital de provincia de tercer orden.
Época actual. Derecha e izquierda, las del actor.

ACTO PRIMERO

Sala de lectura de un Casino de provincias. En el centro, una mesa de forma oblonga, forrada de bayeta verde. Sobre ella, periódicos diarios prendidos a sujetadores de madera con mango, y algunas revistas ilustradas españolas y extranjeras, metidas en carpetas de piel muy deterioradas, con cantoneras metálicas. Pendientes del techo, y dando sobre la mesa, lámparas con pantallas verdes. Junto a las paredes, divanes. Alrededor de la mesa, sillas de rejilla.

Al foro, dos balcones grandes, amplios; por cada uno de ellos se verá toda entera, la ventana correspondiente de una casa vecina. Dichas ventanas tendrán vidrieras y persianas practicables. Las puertas de los balcones del Casino también lo son.

En la pared lateral derecha del gabinete de lectura, una puerta mampara con montantes de cristales de colores.

En la pared izquierda, puertas en primero y segundo término, cubiertas con cortinas de peluche raído, del tono de los divanes. Todo el mobiliario, muy usado.

En el lateral derecha, en segundo término, una mesita pequeña con algunos periódicos que todavía conservan la faja; papel de escribir y sobres. Entre la mesa y la pared, una silla. En lugar adecuado, un reloj.

Es de día. Sobre la pared de la casa frontera da un sol espléndido.

ESCENA I

MENÉNDEZ; el CRIADO de enfrente. Luego, TITO GUILOYA, MANCHÓN y TORRIJA.

Al levantarse el telón, aparece MENÉNDEZ con el uniforme de ordenanza del Casino y zapatillas de orillo, durmiendo, sentado detrás de la mesita de la derecha. Se escucha en la calle el pregón lejano de un vendedor ambulante, y más lejana aún, la música de un piano de la vecindad, en el que alguien ejecuta estudios primarios. Un CRIADO, en la casa de enfrente, limpia los cristales de la ventana de la derecha. La otra permanecerá cerrada. El CRIADO, subido a una silla y vistiendo delantal de trabajo, canturrea un aire popular mientras hace su faena. Por la puerta primera izquierda aparecen TITO GUILOYA, MANCHÓN y TORRIJA. El primero es un sujeto bastante feo, algo corcovado, de cara cínica, biliosa y atrabiliaria. Salen riendo.

MANCHÓN.— ¡Eres inmenso!

TORRIJA.— ¡Formidable!

MANCHÓN.— ¡Colosal!

TORRIJA.— ¡Estupendo!

TITO.— Chist… (*Imponiendo silencio.*) ¡Por Dios, callad! (*Señalándole y en voz baja. Andan de puntillas.*) Menéndez en el primer sueño.

TORRIJA.— ¡Angelito!

MANCHÓN.— (*Riendo.*) ¿Queréis que le dispare un tiro en el oído para que se espabile?

TORRIJA.— ¡Qué gracioso! Sí, anda, anda…

TITO.— (*Deteniendo a* MANCHÓN, *que va a hacerlo.*) Es una idea muy graciosa, pero para otro día. Hoy no conviene. Y como dice el poeta: ¡Callad, que no se despierte! Y ahora... (*Se acercan.*) Ved el reloj... (*Se lo señala.*)

TORRIJA.— Las once menos cuarto.

TITO.— Dentro de quince minutos...

MANCHÓN.— (*Riendo.*) ¡Ja, ja, no me lo digas, que estallo de risa!

TITO.— Dentro de quince minutos ocurrirá en esta destartalada habitación el más famoso y diabólico suceso que pudieron inventar imaginaciones humanas.

TORRIJA.— ¡Ja, ja, ja!... ¡Va a ser terrible!

MANCHÓN.— ¿De manera que todo lo has resuelto!

TITO.— Absolutamente todo. Los interesados están prevenidos, las cartas en su destino, las víctimas convencidas, nuestra retirada cubierta. No me quedó un cabo suelto.

TORRIJA.— ¿De modo que tú crees que esta broma insigne, imaginada por ti...?

TITO.— Va a superar a cuantas hemos dado, y las hemos dado inauditas. Va a ser una broma tan estupenda que quedará en los anales de la ciudad como la burla más perversa de que haya memoria. Ya lo veréis.

TORRIJA.— Verdaderamente a mí, a medida que se acerca la hora me va dando un poco de miedo.

MANCHÓN.— ¡Ja, ja!... ¡Tú, temores pueriles!

TITO.— ¡Qué más da! La burla es conveniente siempre; sanea y purifica; castiga al necio, detiene al osado, asusta al ignorante, y previene al discreto. Y sobre todo, cuando, como en esta ocasión, escoge sus víctimas entre la gente ridícula, la burla divierte y corrige.

MANCHÓN.— Eres un tipo digno de figurar entre los héroes de la literatura picaresca castellana.

TORRIJA.— ¡Viva Tito Guiloya!

TITO.— Yo, no, compañeros… Sea toda la gloria para el *Guasa Club,* del que soy indigno presidente y vosotros dignísimos miembros.

MANCHÓN.— ¡Silencio!... (*Escucha.*) Alguien se acerca.

TORRIJA.— (*Que se ha ido a la puerta derecha.*) ¡Don Marcelino…, es don Marcelino Córcoles!

TITO.— ¡Ya van llegando! Ya van llegando nuestros hombres. Chist… Salgamos por la escalera de servicio.

TITO.— Compañeros. Empieza la farsa. Jornada primera.

TODOS.— ¡Ja, ja, ja!...

Vanse de puntillas, riendo, por la segunda izquierda.

ESCENA II

MENÉNDEZ, y DON MARCELINO por primera derecha.

MARCELINO.— (*Entrando.*) Nadie. El salón de lectura, desierto, como siempre. Es el Sahara del Casino. Menéndez, dormido, como de costumbre; pues ¡vive Dios!, que no veo señal de lo que en este anónimo y misterioso papel se me previene. Anoche lo recibí, y dice a la letra… (*Leyendo.*) «Querido Córcoles: si quieres ser testigo de un ameno y divertido suceso, no faltes mañana, a las once menos cuarto, al salón de lectura del Casino. Llega y espera. No te impacientes. Los sucesos se sucederán con cierta lentitud, porque la broma es complicada. Salud y alegría para gozarla. X.» ¿Qué será esto?... Lo ignoro; pero está la vida tan falta de amenidad en estos poblachos, que el más ligero vislumbre de distracción atrae como un imán poderoso. Esperaré leyendo. Veamos qué dice la noble prensa de la ilustre ciudad de Villanea. (*Busca.*) Aquí están los periódicos locales, *El Baluarte, La Muralla, La Trinchera.* ¡Y todo esto para defender a un cacique!... *El Grito, La Voz, El Clamor, El Eco.* Y estotro para decir las cuatro necedades que se le ocurran al susodicho cacique... (*Deja los periódicos con desprecio.*) ¡Bah! Me entretendré con las ilustraciones extranjeras.[1] (*Coge una y lee.*) U, u, u, u, u...

DON MARCELINO al leer produce un monótono ronroneo que crece y apiana alternativamente y que no tiene nada que envidiar al zumbido de cualquier moscón. MENÉNDEZ sacude el aire con la mano, como espantándose una mosca. Las primeras veces DON MARCELINO no lo advierte y sigue con su ronroneo. Al fin observa el error de MENÉNDEZ.

MARCELINO.— ¿Qué hace ese?... (*Llamándole.*) Menéndez... (*Más fuerte*) ¡Menéndez!

MENÉNDEZ.— (*Despertando.*) ¿Eeeh?...

MARCELINO.— No sacudas, que no te pico.

MENÉNDEZ.— ¡Caramba, señor Córcoles! Hubiera jurado que era un moscón. (*Se despereza.*)

---

1. Revistas ilustradas. Las cabeceras de periódico recién nombradas corresponden a expresivos títulos de la época, de los que se sirve el autor para el juego dramático.

MARCELINO.— Pues soy yo. Dispensa.

MENÉNDEZ.— Deje usted; es igual.

MARCELINO.— Tantísimas gracias.

MENÉNDEZ.— Pero ¿cómo tan de mañana? ¿Es que no ha tenido usté clase en el *Estituto*?

MARCELINO.— Que los chicos no han querido entrar hoy tampoco.

MENÉNDEZ.— ¿Pues?...

MARCELINO.— Es el cumpleaños del Gobernador Civil.

MENÉNDEZ.— ¡Hombre! ¿Y cuántos cumple?

MARCELINO.— El año pasado cumplió cincuenta y cuatro; este año no sé, porque es una cuenta que le gusta llevarla a él solo. ¿Ha venido el correo de Madrid?

MENÉNDEZ.— Abajo estará

MARCELINO.— Pues anda a subirlo, hombre.

MENÉNDEZ.— Es que como a mí no me gusta moverme de mi obligación…

MARCELINO.— No, y que además tú, cuando te agarras a la obligación no te despierta un tiro.

MENÉNDEZ.— (*Haciendo mutis.*) ¡Qué don Marcelino, pero cuidao que es usté *muerdaz*! (*Vase segunda izquierda.*)

ESCENA III

DON MARCELINO. Luego PICAVEA, puerta derecha.

MARCELINO.— Bueno, y cualquiera que me vea a mí con este periódico en la mano cree que yo sé alemán; pues no, señor. Es que me entretengo en contar las *pes,* las *cu*s, y las *kas* que hay en cada columna. ¡Un diluvio! ¡Qué gana de complicar! ¡Para qué tantas consonantes, señor! Es como añadirle espinas a un pescado.

Entra PABLITO PICAVEA, *mozo vano y elegante, con una elegancia un poco provinciana. Entra anheloso, impaciente. Es sujeto rápido de expresión y de movimientos.*

PICAVEA.— Buenos días, don Marcelino.

Deja el bastón y el sombrero, mira por el balcón de la izquierda, consulta su reloj, lo confronta con el del salón y empieza a revolver entre los periódicos.

MARCELINO.— Hola, Pablito. ¡Qué raro!... ¡Tú por el gabinete de lectura!

PICAVEA.— Que no tengo más remedio.

MARCELINO.— Ya decía yo.

PICAVEA.— (*Rebuscando entre los periódicos.*) ¿Está *El Baluarte?*

MARCELINO.— Sí, aquí lo tienes. (*Se lo da, cada vez más asombrado.*) ¡Pero tú leyendo un periódico! ¡No salgo de mi asombro!

PICAVEA.— Que no tengo más remedio. Quiero enterarme de una cosa.

MARCELINO.— ¿Ciencia, política, literatura?

PICAVEA.— ¡Ca, hombre! ¡Que quiero enterarme de una cosa que va a pasar en la casa de enfrente; y para ello cojo el periódico; ¿entiende usted? Le hago un agujero como la muestra, (*se lo hace*) y por él, sentado estratégicamente, averiguo cuándo se asoma Solita, la doncella de los Trevélez.

Hace cuanto dice colocándose frente a la ventana de la derecha y mirando a ella por el roto del periódico.

MARCELINO.— ¡Ah, granuja! ¡Conque Solita! ¡Buen bocadito!

MARCELINO.— Con brindis y todo… Pero lo que no me explico es lo del agujero que haces en el diario…

PICAVEA.— Muy sencillo. Como Solita tiene relaciones con el criado de la casa, que es un animal con un carácter que se pega con su sombra, yo vengo, agujereo la sección de espectáculos, y a la par que atisbo, evito el peligro de una sorpresa y la probabilidad de un puñetazo, ¿usted me comprende?

MARCELINO.— ¡Ah, libertino!

PICAVEA.— ¡Si viera usted los *Baluartes* que llevo agujereados!

MARCELINO.— Eres un mortero del cuarenta y dos.

PICAVEA.— Calle usted… ¡Ella!... La absorbo como una vorágine, don Marcelino ¡Verá usté qué demencia!

MARCELINO.— Yo os observaré desde aquí. (*Coge un periódico.*) Me conformaré con *El Eco.*

PICAVEA.— No, que es muy pequeño, coja usted *«La Voz».*

MARCELINO.— Cogeré *La Voz.*

Coge el periódico «La Voz». Mete los dedos, arranca un trozo de papel, hace un agujero y mira.

ESCENA IV

DICHOS y SOLEDAD, por la ventana derecha.
Con unos vestidos y una mano de mimbre se asoma a
la ventana y comienza a sacudir, cantando el couplet de
«Ladrón..., ladrón...»[2]

PICAVEA.— (*Por encima de «El Baluarte».*) ¡Chist..., Solita!

SOLITA.— (*Dejando de sacudir y cantar.*) ¡Hola, don Pablito, usted!

PICAVEA.— Perdona que te hable por encima de *El Baluarte...*, pero hasta vista así, por encima, me gustas...

SOLEDAD.— Que me mira usted con buenos ojos...

PICAVEA.— Gracias. Oye, eso que cantabas de ladrón... ladrón, digo yo que no sería por mí, ¿eh?

SOLEDAD.— Quia. Usted no le quita nada a nadie...

PICAVEA.— Eso de que no le quito nada a nadie, es mucho decir.

SOLEDAD.— Digo en metálico.

PICAVEA.— En metálico, no te quitaré nada, pero en ropas y efectos no te descuides. (*Ríen.*)

SOLEDAD.— ¿Y qué, leyendo la sección de *espetáculos*?

PICAVEA.— Sí, aquí echando una miradita a los teatros.

---

2. *Galicismo de reciente introducción que al paso de los años se españoliza como cuplé. El que interpreta Solita se debe a la autoría, letra y música, de Juan Martínez Abades, estrenado en el Trianón Palace de Madrid en 1913 por la cantante Adelita Lulú. La letra, conocida del público, era alusiva a la situación dramática: «A todos contando vas/que yo estoy chalá por ti» (etc.).*

SOLEDAD.— ¿Y qué hacen esta noche en el Principal?

PICAVEA.— (*Con gran malicia.*) En el principal no sé lo que hacen. En el segundo izquierda sé lo que harían.

MARCELINO.— (¡Muy bueno, muy bueno!)

SOLEDAD.—¿Y qué harían, vamos a ver?

PICAVEA.— «Locura de amor».[3]

SOLEDAD.— ¿Y eso es de risa?

PICAVEA.— Según como se tome. A la larga, casi siempre. Y oye, Solita, ¿vendrías tú conmigo al teatro una noche?

SOLEDAD.— De buena gana, pero donde usté va no podemos ir los pobres, don Pablito.

PICAVEA.— Es que yo, por acompañarte, soy capaz de ir contigo al gallinero.

SOLEDAD.— ¡Ay, quite usted, por Dios!... Una criada en el gallinero y con un pollo…, creerían que lo iba a matar…

MARCELINO.— (*Riendo.*) (¡Muy salada, muy salada!)

SOLEDAD.— (*Por DON MARCELINO.*) ¡Ay!, pero ¿qué voz es esa?

MARCELINO.— (*Asomando por encima del periódico.*) *La Voz de la Región…*, una cosa de Lerroux,[4] pero no te asustes.

PICAVEA.— Oye, Solita...

SOLEDAD.— Mande…

---

3. Todavía en 1916 se seguía representando este célebre drama de Tamayo y Baús, estrenado en 1855, por lo que para el público de la época las circunstancias de la situación dramática se anclaban en el presente.

4. Alejandro Lerroux (1864-1949) inició carrera pública como director duelista de periódicos, que culminó en los convulsos años de la II República como Ministro y Presidente del Gobierno.

PICAVEA.— No dejes de salir esta tarde, que tengo gana de estrenar dos piropos que se me han ocurrido.

SOLEDAD.— ¡Ay, sí!... A ver, adelánteme usté uno al menos.

PICAVEA.— Verás. (*Se asoma y habla en voz baja.*)

SOLEDAD.— (*Riendo.*) ¡Ja, ja, ja!...

Sale EL CRIADO y furioso y violento coge a SOLEDAD de un brazo.

CRIADO.— ¡Maldita sea!… Adentro.

SOLEDAD.— Ay, hijo… ¡Jesús!

PICAVEA.— (*Cubriéndose con «El Baluarte».*) ¡Atiza!

MARCELINO.— (*Ídem con «La Voz».*) ¡El novio!

CRIADO.— ¡Hale, pa adentro!

SOLEDAD.— ¡Pues, hijo, qué modales!

CRIADO.— Y más valía que en vez de estar de palique con los sucios del Casino…

MARCELINO.— (*Detrás de «La Voz».*) Socios.

CRIADO.— *Sucios*... Te estuvieras en tu obligación. Pa adentro.

SOLEDAD.— ¡Pero, hijo, Jesús, si estaba sacudiendo!

CRIADO.— Ya sacudiré yo, ya… ¡Y menudo que voy a sacudir!

MARCELINO.— ¡Qué bruto!

PICAVEA.— (*Sujetándole el periódico*) No levante usted *La Voz*, que le va a ver por debajo.

CRIADO.— Y en cuanto yo consiga verle la jeta a uno de esos *letorcitos,* va a ir pa la Casa de Socorro, pero que deletreando. ¡Ay, cómo voy a sacudir! ¡A cuatro manos!

El CRIADO *cierra los cristales. Se les ve discutir acaloradamente. Él dirige miradas y gestos amenazadores al Casino. Al fin hace una mueca de ira y cierra maderas y todo.*

MARCELINO.— ¡Qué hombre más bestia!

PICAVEA.— Habrá comprendido usted la utilidad de *El Baluarte.*

MARCELINO.— Como que a mí me ha dado un susto que he perdido *La Voz.*

ESCENA V

DON MARCELINO *y* PABLITO PICAVEA.

PICAVEA.— Bueno, pues al mismo tiempo habrá usted comprendido también que a ese monumento de criatura le he puesto verja.

MARCELINO.— ¿Cómo verja?

PICAVEA.— Que esa chiquilla es de mi absoluta pertenencia, vamos.

MARCELINO.— (*Sonriendo irónicamente.*) Hombre, Pablito, no quisiera quitarte las ilusiones, pero tampoco quiero que vivas engañado.

PICAVEA.— ¿Yo engañado?

MARCELINO.— Las mismas coqueterías que ha hecho Solita contigo, se las vi hacer ayer tarde con el más terrible de tus rivales; con Numeriano Galán, para que lo sepas.

PICAVEA.— ¡Con Numeriano Galán!... ¡Ja, ja, ja! ¡Ella con Galán! ¡Ja, ja, ja! (*Ríe a todo reír.*) ¡Galán con… ja, ja, ja!

MARCELINO.— Pero ¿de qué te ríes?

PICAVEA.— (*Con misterio. Cambiando su actitud jovial por una expresión de gran seriedad.*) Venga usted acá, don Marcelino. (*Le coge de la mano.*)

MARCELINO.— (*Intrigado.*) ¿Qué pasa?

PICAVEA.— Que esa mujer no puede ser de nadie más que mía. Óigalo usted bien, ¡mía!...

MARCELINO.— ¡Caramba!

PICAVEA.— Es un acuerdo de Junta General.

MARCELINO.— ¿Cómo de Junta General?... No comprendo…

PICAVEA.— Va usted a comprenderlo en seguida. ¿No nos oirá nadie?

MARCELINO.— Creo que no.

PICAVEA.— Usted sabe, don Marcelino, que yo pertenezco al *Guasa Club*, misterioso y secreto Katipunán[5] formado por toda la gente joven y bullanguera del Casino, para auxiliarnos en nuestras aventuras galantes, para fomentar francachelas y jolgorios y para organizar bromas, chirigotas y tomaduras de pelo de todas clases. Como nos hemos constituido imitando esas sociedades secretas de películas, nos reunimos con antifaz y nos escribimos con signos.

MARCELINO.— Sí, alguna noticia tenía yo de esas bromas, pero, vamos…

PICAVEA.— Pues bien, a Numeriano Galán y a mí nos gustó Solita a un tiempo mismo y empezamos a hacerla el amor[6]

---

5. Consejo supremo de los libertadores filipinos durante las postrimerías de la dominación española, según anota Seco.

los dos. Yo, como él no es socio del *Guasa Club,* denuncié al tribunal secreto su rivalidad para que me lo quitaran de en medio, y a la noche siguiente Galán encontró clavada con un espetón de ensartar riñones, en la cabecera de su cama, una orden para que renunciara a esa mujer; no hizo caso y se burló de la amenaza, y en consecuencia ha sido condenado a una broma tan tremenda que, si nos sale bien, no solo abandonará a Solita, dejándome el campo libre, sino que tendrá que huir de la ciudad renunciando hasta a su destino de oficial de Correos; no le digo a usted más.

MARCELINO.— ¡Demontre! ¿Y qué broma es esa?

PICAVEA.— No puedo decirla, pero dentro de unos instantes y en esta misma habitación verá usted a Galán debatirse lloroso, angustiado e indefenso en la tela de araña que le ha tendido el *Guasa Club*, y lo comprenderá usted todo.

MARCELINO.— Os tengo miedo. Recuerdo la broma que le disteis al pintor Carrasco el mes pasado, y se me ponen los pelos de punta.

PICAVEA.— Aquello no fue nada; que le hicimos creer que su marina titulada «Ola, ola»… había sido premiada con segunda medalla en la Exposición de Pinturas.

MARCELINO.— ¡Una friolera!... Y el pobre hombre asistió tan satisfecho al banquete que le disteis para festejar su triunfo. ¡Sois tremendos!

PICAVEA.— ¡Damos cada broma!... ¡Ja, ja, ja!... (*Empieza a tocar en la calle un cuarteto de músicos ambulantes la despedida del bajo de «El Barbero de Sevilla»,[7] que canta un*

---

6. En la época, equivalente a galantear.

7. *Ríos Carratalá entiende que se trata no del celebérrimo título de Rossini, sino de la zarzuela compuesta por Gerónimo Giménez y Manuel Nieto, sobre libreto de Guillermo Perrín y Miguel de Palacios,*

individuo con muy mala voz y peor entonación.) ¡Hombre, a propósito!

MARCELINO.— ¿Qué pasa?

PICAVEA.— ¿Oye usted eso?... ¿Oye usted esa música?... Otra broma nuestra.

MARCELINO.— ¿También esa música?

PICAVEA.— También. Esa música está dedicada a don Gonzalo de Trevélez , nuestro vecino. Es la hora en que se afeita, y como se afeita solo, hemos gratificado a un cuarteto ambulante para que todos los días, a estas horas, vengan a tocarle una cosa que le recuerde al barbero.

MARCELINO.— ¡Hombre, qué mala intención!

PICAVEA.— Verá usted cómo se asoma indignado.

MARCELINO.— Ya está ahí.

PICAVEA.— (*Riendo.*) Ja, ja… ¡No lo dije!... ¡Y a medio afeitar!... ¡Verá usted, verá usted!

ESCENA VI

DICHOS y DON GONZALO. Luego, MENÉNDEZ.

GONZALO.— (*Que se asoma por la ventana de la izquierda*

---

estrenada en el Teatro de la Zarzuela el 5 de febrero de 1901. Entre los cantables que la hicieron célebre destaca la polonesa «Me llaman la Primorosa». La escena a la que tal vez se refiera Arniches sea la de la despedida de Martín, que culmina con el dúo «¿Barítono tú? Barítono yo, ya nos une el arte» que interpretan los novios.

de la casa vecina. Aparece despeinado, con un peinador puesto, media cara llena de jabón y una navaja en la mano.) ¡Pero hoy también el *Barbero*!... ¡Caramba, qué latita! ¡Quince días con lo mismo, y a la hora de afeitarme! Esto parece una burla. (*Mirando a la calle y en voz alta.*) Chist..., ejecutantes... (*Más alto.*) Ejecutantes... tengan la bondad de evadirse y continuar el concierto extramuros... ¿Qué?... ¿Qué si no me gusta la voz del bajo? No, señor. Eso no es voz de bajo; ¡es voz de enano, todo lo más! (*Como siguiendo la conversación con alguien de abajo.*) Y como me estoy afeitando y desentona de una forma que me crispa, me he dado un tajo que se me ven las muelas... ¿Cómo?... ¿Que si las postizas?... ¡Hombre, si no hubiera señoritas en los balcones, ya le diría yo a usted!... Pero ahora le bajará un criado el adjetivo que merece para que se lo repartan entre los cinco del cuarteto. ¡So sinvergüenzas!... ¡No, señor, no echo de menos al barbero!... Vayan muy enhoramala, rasca-intestinos!

MARCELINO.— No les hagas caso, Gonzalo.

PICAVEA.— Desprécieles usted, don Gonzalo.

MENÉNDEZ.— (*Que se ha asomado también.*) Ya se van

MARCELINO.— Y no es el cuarteto de ciegos.

GONZALO.— ¡No, es un cuarteto de cojos!... Unos cojos que se atreven con todo. Ayer ejecutaron un andante de Mendelson.[8] ¡Figúrate como les saldría el andante!

MARCELINO.— ¡Desprécialos!

GONZALO.— (*Con gesto de desprecio.*) ¡Aaah!...

---

8. Amorós y Ríos Carratalá corrigen, sin coincidir, el nombre del gran compositor romántico, Félix Mendelssohn (1809-1847). Sigo la edición de Seco.

DON MARCELINO y PABLITO entran del balcón. PABLITO, dando suelta a una risa contenida, habla en voz baja con DON MARCELINO.

GONZALO.— (*A MENÉNDEZ y en tono confidencial.*) Chist... Menéndez.

MENÉNDEZ.— Mande usted, don Gonzalo.

GONZALO.— ¿He tenido cartas?

MENÉNDEZ.— Cinco.

GONZALO.— Masculinas o... (*Gesto picaresco.*)

MENÉNDEZ.— Tres masculinas y dos o... (*Imita el gesto.*) Una de ellas perfumada.

GONZALO.— ¿A qué huele?

MENÉNDEZ.— A heno.

GONZALO.— Ya sé de quién es. No me la extravíes, que me matas. ¿Y la otra?

MENÉNDEZ.— Tiene letra picuda.

GONZALO.— De la de Avecilla.

MENÉNDEZ.— Viene dirigida al señor Presidente del Real Aero-Club de Villanea.

GONZALO.— Sí, sí..., ya sé... Esa puedes extraviármela si te place. Es pidiéndome un donativo para un ropero. El ropero de San Sebastián. ¡Figúrate tú, San Sebastián con ropero! ¡Nada, es la monomanía actual de las señoras! Empeñadas en hacer mucha ropa a los pobres, y ellas cada vez con menos.

MENÉNDEZ.— Que no quieren *pedricar* con el ejemplo.

GONZALO.— Se dice predicar, querido Menéndez; de hablar bien a hablar mal hay gran *difiriencia.* Hasta luego. (*Entra y cierra la ventana.*)

MENÉNDEZ.— Adiós, don Gonzalo. Otro *muerdaz* (*Vase izquierda.*)

ESCENA VII

DON MARCELINO y PABLITO PICAVEA.
Reanudan su conversación en voz alta.

MARCELINO.— Vamos, no seas terco.

PICAVEA.— Nada, que no insista usted. No despego mis labios.

MARCELINO.— Anda, dime. ¿Qué broma es la que preparáis a Galán? Que tengo impaciencia…

PICAVEA.— ¿No dice usted que ha sido invitado misteriosamente a presenciarla?... Pues un poco de calma…, (*Atendiendo.*) que poca será… porque, si no me equivoco… (*Va a mirar hacia la derecha.*) Sí… ¡Él es!... ¡Galán!...

MARCELINO.— ¿Galán?

PICAVEA.— Ya está aquí la víctima. Aquí la tenemos. Va usted a satisfacer su curiosidad. ¡Pobre Galán, ja, ja!

MARCELINO.— Pero…

PICAVEA.— ¡Dejémosle solo!... ¡Ay de él!... ¡Ay de él!... Por aquí. Pronto. (*Vase primera izquierda.*)

ESCENA VIII

NUMERIANO GALÁN y MENÉNDEZ.

NUMERIANO.— (*Sale por la derecha. Entra y mira de un lado a otro.*) *Personne…*, que dicen los franceses cuando no hay ninguna persona. Faltan tres minutos para la hora: ¡hora suprema y deliciosa! La ventana frontera, cerrada todavía. Me alegro. Colocaré las puertas de los balcones en forma propicia para la observación. (*Las entorna.*) ¡Ajajá! Y ahora a esperar a mi víctima, como espera el tigre a la cordera: cauteloso, agazapado y voraz. ¡Manes de don Juan, acorredme! (*Pausa.*)

MENÉNDEZ.— (*Por segunda izquierda.*) ¡Caray! (*Andando a tientas.*) Pero ¿quién ha cerrao?

NUMERIANO.— Chist, por Dios, querido Menéndez…, (*Deteniéndole.*) que es un plan estratégico. No me abras el balcón, que me lo fraguas.

MENÉNDEZ.— Pero, don Numeriano, ¿y no se puede saber por qué ha entornado usted?

NUMERIANO.— ¿Qué por qué he entornado?... ¡Ah, plácido y patriarcal Menéndez!... Tú sí, tú puedes saberlo. Ven, que voy a abrir mi pecho a tu cariñosa amistad.

MENÉNDEZ.— Abra usted.

NUMERIANO.— Menéndez, yo te debo a ti…

MENÉNDEZ.— Trescientas cuarenta y cinco pesetas de bocadillos.

NUMERIANO.— Y un cariño muy grande, porque si no me quisieras, ¿cómo me ibas a haber dado tantos bocadillos?

MENÉNDEZ.— Que le tengo a usted ley.

82

NUMERIANO.— Pues por eso, como sé que me quieres... y que te alegras de mis triunfos amorosos...

MENÉNDEZ.— Por de contado...

NUMERIANO.— Voy a hacerte una revelación sensacional.

MENÉNDEZ.— ¡Carape!

NUMERIANO.— Sensacionalísima.

MENÉNDEZ.— ¿Ha caído la viuda?

NUMERIANO.— Ha tropezado, nada más; pero no es eso. Atiende. Muchos días, efusivo Menéndez, ¿no te ha chocado a ti verme entrar a deshora en este salón de lectura?

MENÉNDEZ.— Mucho, sí, señor.

NUMERIANO.— Pues bien, al entrar yo en el salón de lectura, ¿tú no leías nada en mis ojos?

MENÉNDEZ.— No señor; yo casi nunca leo nada.

NUMERIANO.— Pero ¿no te chocaba verme huraño, triste y solo, metido en ese rincón?

MENÉNDEZ.— Sí, señor; pero yo decía: será que le gusta la soledad.

NUMERIANO.— Y eso era, perspicaz Menéndez, que me gusta la Soledad...; pero no la de aquí, sino la de ahí enfrente.

MENÉNDEZ.— ¡La doncellita de los Trevélez!...

NUMERIANO.— La misma que viste y calza... de una manera que conmociona.

MENÉNDEZ.— Entonces, ahora me explico por qué teniendo usté tanta ilusión aquí dentro...

NUMERIANO.— No hacía más que tonterías ahí fuera..., como señas, sonrisitas, juegos de fisonomía... ¿Lo comprendes ahora?

MENÉNDEZ.— ¡Ya lo creo!... ¡Menudo pimpollo está la niña!

NUMERIANO.— ¡Qué Soledad más apetecible! ¿Verdad, Menéndez?

MENÉNDEZ.— Es una Soledad pa no juntarse con nadie, don Numeriano.

NUMERIANO.— Para no juntarse con nadie más que con ella.

MENÉNDEZ.— Natural.

NUMERIANO.— A mí, Menéndez, esa chiquilla me inspira un sentimiento de deseo, un sentimiento de pasión, un sentimiento de...

MENÉNDEZ.— (*Dándole la mano.*) Acompaño a usted en el sentimiento.

NUMERIANO.— Muchas gracias, incondicional Menéndez. Pues bien, por conseguir los favores de esa monada, andábamos a la greña Pablito Picavea y yo.

MENÉNDEZ.— ¿Y qué?

NUMERIANO.— Que lo he arrollado... ¡Que esa bizcotela[9] ya es mía!

MENÉNDEZ.— ¡Arrea!

NUMERIANO.— Aquí tengo los títulos de propiedad. (*Saca una carta.*) Atiende y deduce... Por la tarde la pedí relaciones y por la noche me trajo el cartero del interior esta expresiva y seductora cartita. Juzga. «Señorito Numeriano: De palabra no me he atrevido esta tarde a darle una contestación aparente porque no me dejó el reparo». ¡El reparo!..., ¡qué monísima!... «Pero si usted quiere que le diga lo que sea, estese mañana a las once en el salón de lectura del Casino, y si tiene valor una servidora, se aso-

9. Bizcocho

mará y se lo dirá; aunque sé que es usted muy mal portao con las mujeres... ». ¡Mal portao!... ¡Me ha cogido el flaco![10]

MENÉNDEZ.— La fama que *vola*.

NUMERIANO.— (*Sigue leyendo*.) «No falte. Saldré a sacudir... No vuelva...». (*Vuelve la hoja*.) No vuelva a asomarse hasta mañana, porque mi señorita está escamada. Sulla. Ese». ¡Sulla! (*Guardándose la carta*.) ¡Ah, estupefacto Menéndez, esta *sulla* no lo cambio por una dolora de Campoamor,[11] porque estas cuatro letras quieren decir que esa fruta sazonada y exquisita ha caído en mi implacable banasta.

MENÉNDEZ.— ¡Pero qué suerte tiene usté!

NUMERIANO.— (*Por sus ojos*.) ¡Le llamas suerte a este par de ametralladoras!

MENÉNDEZ.— ¡Hombre!...

NUMERIANO.— Lo que hay es que tengo una mirada que es para sacar patente. La fijo cuarenta segundos en un puro y lo enciendo. No te digo más. Y hay días que los enciendo de reojo.

MENÉNDEZ.— De modo que viene usted a la cita.

[10.] La misiva imita la escritura de una persona inculta, como podía ser Solita. «Mal portao» es antónimo de «bien portado», pero desviado semánticamente para sugerir una calificación moral. «Flaco», por debilidad.

[11.] Repárese en que la falta ortográfica ha de ser puesta en evidencia por el intérprete, recurriendo seguramente a un lleísmo reiterado y exagerado, para delatar el origen extremeño de la redactora. Más adelante, Flora escribe correctamente el pronombre posesivo en la misiva a Galán. Ramón de Campoamor (1817-1901) acuñó este género poético de «dolora», alguna de las cuales ha pasado al acervo de la sabiduría popular.

NUMERIANO.— Di más bien que a la toma de posesión.

MENÉNDEZ.— Poquito que va a rabiar el señor Picavea.

NUMERIANO.— El señor Picavea y todos esos imbéciles del Guasa Club, que hasta me amenazaron con no sé qué venganzas si no abandonaba mi conquista… ¡Abandonarla yo! Cuando es ella la que… ¡Já, ja, ja!

MENÉNDEZ.— ¿Y a qué hora es la cita?

NUMERIANO.— ¿No lo has oído? A las once. Faltan solo unos segundos.

MENÉNDEZ.— Pues miremos a ver (*Dan las once en el reloj.*)

NUMERIANO.— ¡Ya dan!... ¡Estoy emocionado!... (*A MENÉNDEZ, que mira.*) ¿Ves algo?

MENÉNDEZ.— No…, aún nada… ¡Pero calle!... Sí…, los visillos se menean.

NUMERIANO.— (*Mira.*) Es verdad, algo se mueve detrás.

MENÉNDEZ.— ¿Será ella…?

NUMERIANO.— Sí, ella, ella es, veo su silueta hermosísima. Aparta, Menéndez. (*Se retoca y acicala.*)

MENÉNDEZ.— Salga usted.

NUMERIANO.— Sí, voy a salir; porque hasta que no me vea no se asoma.

MENÉNDEZ.— Ya va a abrir, ya va abrir…

NUMERIANO.— Ahora verás aparecer su juvenil y linda carita…, ahora verás cómo fulgen sus ojos africanos. ¡Fíjate!... (*Sale.*) ¡Ejem, ejem!…

Tose delicadamente. Se abre la ventana poco a poco, y asoma entre las persianas la cara ridícula, pintarrajeada y sonriente de la SEÑORITA DE TREVÉLEZ.

ESCENA IX

DICHOS y FLORITA.

FLORA.— (*Después de mirar con rubor a un lado y a otro.*) Buenos días, amigo Galán.

NUMERIANO.— (*Aterrado.*) (¡Cielos!)

MENÉNDEZ.— (¡Atiza! ¡Doña Florita!)

NUMERIANO.— Muy buenos los tenga usted, amiga Flora.

FLORA.— Es usted cronométrico.

NUMERIANO.— ¿Un servidor?

FLORA.— Y no tiene usted idea de todo lo que me expresa su puntualidad.

NUMERIANO.— ¿Mi puntualidad?... (¿Sabrá algo?)

MENÉNDEZ.— (*Muerto de risa.*) (¡Qué plancha!)

NUMERIANO.— (*A MENÉNDEZ.*) (No te rías, que me azoras.)

FLORA.— (*Acariciando las flores de un tiesto.*) ¡Galán!

NUMERIANO.— Florita.

FLORA.— (*Con rubor.*) He recibido eso.

NUMERIANO.— ¿Que ha recibido usted eso?... (¿Qué será eso?)

FLORA.— Lo he leído diez veces, y a las diez su fina galantería ha vencido mi natural rubor.

NUMERIANO.— ¿A las diez?... De modo que dice usted que a las diez mi fina… (¿Pero de qué me hablará esta señora?)

Florita, usted perdone, pero no comprendo, y yo desearía que me dijese de una manera breve y concreta…

FLORA.— (*Con vivo rubor.*) ¡Ah, no, no, no, no!… Eso es mucho pedir a una novia en estas lides… Hágase usted cargo…, mi cortedad es muy larga,[12] Galán.

NUMERIANO.— Bueno, pero por muy larga que sea una cortedad, si a uno no le dicen claramente las cosas…

FLORA.— Sí, pero repare usted que hay gente en los balcones…

NUMERIANO.— Ya lo veo, pero que importa eso para…

FLORA.— Y como yo presumía que no podríamos hablar sin testigos, le he escrito en este papel unas líneas que expresarán a usted debidamente mi gratitud y mi resolución.

NUMERIANO.— ¿Dice usted que su gratitud y su…?

FLORA.— (*Tirando el papel, que cae en la habitación.*) Ahí va mi alma.

NUMERIANO.— (*Esquivando el golpe.*) (¡Caray, de poco me deja tuerto!)

FLORA.— Galán…, en el texto de esa carta voy yo misma. Léalo, compréndala, y júzguele. (*Entorna.*)

NUMERIANO.— Bueno, pero…

FLORA.— Voy tal cual soy: sin malicia, sin reserva, sin doblez. (*Cierra.*)

NUMERIANO.— ¡Pero, Florita!

FLORA.— (*Abre.*) Sin doblez. Adiós, Galán. (*Cierra.*)

---

12. Para construir el oxímoron Flora ha tenido que recurrir a la voz «cortedad», con valor de vergüenza.

88

ESCENA X

NUMERIANO GALÁN y MENÉNDEZ.

NUMERIANO.— (*A MENÉNDEZ, que está muerto de risa en una silla.*) ¡Dios mío!... Ay, Menéndez, pero ¿qué es esto?

MENÉNDEZ.— (*Señalando la carta que está en el suelo.*) Parece un papel.

NUMERIANO.— No, eso ya lo sé; mi pregunta es abstracta: digo: ¿qué es esto?, ¿qué me pasa a mí?, ¿por qué en vez de Solita sale ese estafermo[13] y me arroja una carta?

MENÉNDEZ.— ¡Qué sé yo! Ábrala, léale y averígüelo.

NUMERIANO.— Tienes razón. Veamos. (*Coge el papel y empieza a desdoblarlo, tarea dificilísima por los muchos dobleces que trae.*) ¡Caramba, y decía que sin doblez!... ¿Y qué viene aquí dentro?

MENÉNDEZ.— Ella ha dicho que venía su alma.

NUMERIANO.— Pues es una perra gorda.

MENÉNDEZ.— Que la ha metido pa darle impulso al papel.

NUMERIANO.— Veamos qué trae la perra. (*Leyendo.*) «Apasionado Galán».

MENÉNDEZ.— ¡Atiza!

NUMERIANO.— ¡Yo apasionado! (*Lee.*) «Después de leída y releída su declaración amorosa...».

---

13. Las dos acepciones que recoge la Real Academia Española de la Lengua en su diccionario pueden servir a la situación dramática; por un lado, muñeco giratorio que golpea a los participantes lentos en una competición de origen caballeresco; por otro, persona inactiva, embobada.

MENÉNDEZ.— ¡Repeine!

NUMERIANO.— ¡¡Pero qué dice esta anciana!! (*Lee.*) «Y sus entusiastas elogios a mi belleza estética, que solo puedo atribuir a una bondad insólita...» (¡qué tía más esdrújula!), consultele a mi corazón, pedile consejo a mi hermano como usted indicome... (¡cuerno!), «y mi hermano y mi corazón, de consuno, decídenme a aceptar las formales relaciones que usted me ofrenda...» . ¡Me ofrenda!... ¡Mi madre!

MENÉNDEZ.— ¿Pero usted la ha *ofrendido?*

NUMERIANO.— ¡Yo qué la voy a *ofrender*, hombre! (*Lee.*) «Ah, Galán, el amor que usted me brinda es una suerte...». (¡Pero Dios mío, pero si yo no la he brindado ninguna suerte a esta señora! «Es una suerte, porque prendiose en mi alma con tan firmes raíces, que nadie podrá ya arrancarlo; y si quieren hacer la prueba, hágala cuanto antes; ¡ah, Galán!, ¿Se lo digo todo en esta carta?... Yo creo que sí».

MENÉNDEZ.— Y yo creo que también.

NUMERIANO.— «Nada resérveme y sepa que al escribirla entréguele mi alma..., Adiós».

MENÉNDEZ.— ¿Se ha muerto?

NUMERIANO.— Se ha vuelto loca. (*Lee.*) «Suya hasta la ultratumba. Flora de Trevélez». ¡Pero, Dios mío, yo me vuelvo loco!... Pero ¿qué es esto?

MENÉNDEZ.— (*Señalándole los oj*os.) Las ametralladoras.

NUMERIANO.— ¿A qué viene esta carta?... ¿Pero quién le ha dicho a ese pliego de aleluyas[14] que yo la amo? ¿Pero qué es esto?... ¡Dios mío, qué es esto!

---

14. *Aleluya* es persona de aspecto ridículo, anota Seco.

ESCENA XI

DICHOS, TITO GUILOYA, PICAVEA, TORRIJA y PEPE
MANCHÓN. Luego DON MARCELINO.
Los cuatro primeros salen de la segunda izquierda
muertos de risa. El último se asoma por la primera
izquierda y queda presenciando la escena.

TODOS.— ¡Ja, ja, ja! (*Riendo.*)

TITO.— Pues esto es, amigo Galán, que el Guasa Club ha triun-
fado.

TORRIJA.— ¡Viva el Guasa Club!

NUMERIANO.— ¡Pero vosotros…! Pero ¿es que vosotros?

MANCHÓN.— Que sea enhorabuena, Galán; ya eres dueño de
esa beldad.

TITO.— ¡Querías a la doncella y te entregamos a la señora!

PICAVEA.— ¡La doncellita para mí!

NUMERIANO.— ¡Ah, pero vosotros…! ¡Pero esta canallada!

PICAVEA.— «Ardides del juego son».[15]

TODOS.— (*Vanse riendo por la derecha.*) ¡Ja, ja, ja! (*MENÉN-*
DEZ les sigue estupefacto y haciéndose cruces.) Hagan la
prueba que hagan… ¡Ah, Galán!... ¡Ja, ja, ja!

[15.] Cita del Tenorio de Zorrilla (acto IV, escena sexta, verso 2368).

ESCENA XII

NUMERIANO GALÁN y DON MARCELINO.

NUMERIANO.— (*Desesperado.*) Pero ¿qué han hecho estos cafres, don Marcelino?

MARCELINO.— ¿No lo adivinas, infeliz? Pues que imitando tu letra han escrito una carta de declaración a Florita de Trevélez firmada por ti.

NUMERIANO.— ¡Dios mío!

MARCELINO.— Que ella, romántica y presumida como un diantre, te ha visto mil veces al acecho en ese balcón y creyendo que salías por ella ha caído fácilmente en el engaño, y que te contesta aceptando tu amor.

NUMERIANO.— ¡Cuerno!

MARCELINO.— Y de ese modo te inutilizan para que sigas cortejando a la doncellita, y Picavea se sale con la suya. ¿Ves qué sencillo?

NUMERIANO.— ¡Dios mío, pero esto es una felonía, una canallada, que no estoy dispuesto a consentir! Yo deshago el error inmediatamente. (*Llamando desde el balcón.*) ¡Flora…, Flora…, Florita…, amiga Flora!…

MARCELINO.— Aguarda, hombre, aguarda. Así, a voces y desde el balcón, no me parece procedimiento para deshacer una broma que pone en ridículo a personas respetables.

NUMERIANO.— ¿Y qué hago yo, don Marcelino? Porque ya conoce usted el carácter de don Gonzalo.

MARCELINO.— ¡Que si le conozco! ¡Pues eso es lo único grave de este asunto!

NUMERIANO.— Y por lo que aquí dice, se ha enterado.

MARCELINO.— Como que esta burla pueda acabar en tragedia; porque Gonzalo, en su persona, tolera toda clase de chanzas, pero a su hermana, que es todo su amor… ¡Acuérdese que tuvo a Martínez cuatro meses en cama de una estocada, solo porque la llamó la jamona de Trevélez! ¡Con que si se entera de que esto es una guasa, hazte cargo de lo que sería capaz!...

NUMERIANO.— ¡Ay, calle usted, por Dios!... Pero yo le diré que la carta no es mía, que compruebe la letra.

MARCELINO.— Sí, pero ellos pueden decirle que la has desfigurado para asegurarte la impunidad, y entre que si sí y que si no, el primer golpe lo disfrutas tú.

NUMERIANO.— ¡Miserables, canallas!... ¿Y qué hago yo, don Marcelino, qué hago yo? (*Se oye rumor de voces.*)

MARCELINO.— ¡Silencio!... ¿Oyes?...

NUMERIANO.— ¡Madre! … ¡Es don Gonzalo! ¡Don Gonzalo que viene!

MARCELINO.— Y viene con esos bárbaros.

NUMERIANO.— ¡Ay, don Marcelino!... ¡Ay! ¿Qué hago yo?

MARCELINO.— Ocúltate. En cuanto nos dejen solos, yo procuraré tantearle. Le dejaré entrever la posibilidad de una broma… Tú oyes detrás de una puerta, y según oigas, procede.

NUMERIANO.— Sí, eso haré. ¡Canallas! ¡Bandidos!

Vase segunda izquierda.

ESCENA XIII

DON MARCELINO, DON GONZALO, TITO GUILOYA, MANCHÓN, TORRIJA y PICAVEA. Salen por la derecha. El rumor de las voces ha ido creciendo; al fin aparecen por la puerta derecha, precediendo a DON GONZALO, TITO GUILOYA, MANCHÓN, PICAVEA y TORRIJA, que bulliciosa y alegremente se forman en fila a la parte izquierda de la puerta, y al salir DON GONZALO agitan los sombreros aclamándole con entusiasmo.

TITO.— ¡Hurra por don Gonzalo!

TODOS.— ¡Hurra!

GONZALO.— (*Sale sombrero en mano. Viste con elegancia llamativa y extremada para sus años. Va teñido y muy peripuesto.*) Gracias, señores, gracias.

TITO.— ¡Bravo, don Gonzalo, bravo!

TORRIJA.— ¡Elegantísimo! ¡Cada día más elegante!

MANCHÓN.— ¡Deslumbrador!

PICAVEA.— ¡Lovelacesco![16]

GONZALO.— (*Riendo.*) ¡Hombre, por Dios, no es para tanto!

PICAVEA.— Inmóvil, y con un letrero debajo, la primera plana del *Pictorial Revieu*.

TITO.— ¡Si Roma tuvo un Petronio, Villanea tiene un Trevélez!... ¡Digámoslo muy alto!

GONZALO.— Nada, hombre, nada. Total un trajecillo *higge*

---

16. Lovelace es un personaje caracterizado por su poder de seducción que crea Samuel Richardson en su novela *Clarissa* (1748).

faeshion, un chalequito de fantasía, una corbata bien entonada, una flor bien elegida, un poquito de *caché*, de *chic*..., y vuestro afecto. Nada, hijos míos, nada. (*Les abraza.*) ¿Y tú, qué tal, Marcelino, cómo estás?

MARCELINO.— Bien, Gonzalo, ¿y tú?

GONZALO.— Ya lo ves; confundido con los elogios de estos tarambanas... ¡Yo!... ¡Un pobre viejo!... ¡Figúrate!

PICAVEA.— ¿Cómo viejo? Usted es como el buen vino, don Gonzalo; cuantos más años, más fuerza, más aroma, más *bouquet*.

TITO.— Y si no, que lo digan las mujeres. Ellas acreditan su marca. Le saborean y se embriagan. ¡Niéguelo usted!

GONZALO.— (*Jovialmente.*) ¡Hombre, hombre!... Entono y reconforto... *Voilà tout*... ¡Ja, ja, ja!

TODOS.— (*Aplauden.*) ¡Bravo, bravo!

TORRIJA.— ¡Y lo que le ocurre a don Gonzalo es rarísimo: cuantos más años pasan, menos canas tiene!

TITO.— Y se le acentúa más ese tinte juvenil..., ese tinte de distinción, que le da toda la arrogancia de un Bayardo.[17]

GONZALO.— ¡Ah, no, amigos míos, no burlaros de mí! Yo ya no soy nada. Claro está que las altas cimas de mis ilusiones aún tienen resplandores de sol, postrera luz de un ocaso espléndido..., pero al fin mi vida ya no es más que un crepúsculo...

TODOS.— ¡Bravo, bravo!

TITO.— ¡Qué poetazo!

[17.] Caballero medieval, Pierre du Terrail, que por sus virtudes pasó a convertirse en modelo de caballero medieval para sucesivas recreaciones literarias.

PICAVEA.— Pero usted todavía ama, don Gonzalo, y el amor…

GONZALO.— ¡Amor, amor!... Eterna poesía. Es el dulce rumor que va cantando en su marcha hacia el misterio de la muerte, el río caudaloso de la vida. Esto es de un poema que tengo empezado.

TODOS.— ¡Colosal! ¡Colosal!

TORRIJA.— Gran maestro en amor debe ser usted.

GONZALO.— ¡Maestro!... ¡Ah, hijo mío, en amor, como las que enseñan son las mujeres, cuanto más te enseñan… más suspenso te dejan.

TODOS.— ¡Muy bien, muy bien!

GONZALO.— Sin embargo, yo tengo mis teorías.

TODOS.— Veamos, veamos.

GONZALO.— La mujer es un misterio.

MANCHÓN.— Muy nuevo, muy nuevo.

GONZALO.— Amar a una mujer es como tirarse al agua sin saber nadar: se ahoga uno sin remedio. Si le dicen a uno que sí, le ahoga la alegría; si le dicen que no, le ahoga la pena…

TITO.— ¿Y si le dan a uno calabazas?

GONZALO.— ¡Ah, si le dan a uno calabazas, entonces…, nada!

TODOS.— (*Riendo.*) ¡Ja, ja, ja!... ¡Muy bien! ¡Bravo!

PICAVEA.— ¡Graciosísimo!

TITO.— ¡Y se llama viejo un hombre de tan sutil ingenio!

PICAVEA.— ¡Viejo, un hombre de contextura tan hercúlea!... ¡Porque fijaos en este torso!... (*Le golpea la espalda.*) ¡Qué músculos!

TORRIJA.— ¡Es el Moisés de Miguel Ángel!

96

GONZALO.— (*Satisfecho.*) ¡Ah, eso sí!... ¡Todavía tuerzo una barra de hierro y parto un tablero de mármol!... Hundo un tabique...

TITO.— ¡Mirad qué bíceps!

MANCHÓN.— ¡Enorme!

TORRIJA.— Pues, ¿y los sports, cómo los practica?...

TODOS.— ¡¡Oh!!

GONZALO.— En fin, pollos, esperadme en la sala de billar, que tengo algo interesante que decir a don Marcelino, y enseguida corro a vuestro encuentro y jugaremos ese match prometido.

TITO.— Pues allí esperaremos.

PICAVEA.— ¡Viva don Gonzalo!

TODOS.— ¡Viva!

TITO.— ¡*Arbiter elegantorum civitatis villanearum, salve!*[18]

PICAVEA.— ¡Salve y Padre nuestro! (*Se abrazan.*)

GONZALO.— Gracias, gracias. (*Vanse riendo primera izquierda.*)

ESCENA XIV

DON GONZALO y DON MARCELINO.

---

[18] De latín camelístico califica Seco esta expresión de Guiloya, con la que compara a don Gonzalo con Petronio, *elegantiae arbiter* en la Roma imperial.

GONZALO.— Marcelino.

MARCELINO.— Gonzalo.

GONZALO.— *(Con gran alegría.)* Estaba deseando que nos dejasen solos. He venido especialmente a hablar contigo.

MARCELINO.— ¿Pues?...

GONZALO.— Abrázame.

MARCELINO.— ¡Hombre!...

GONZALO.— Abrázame, Marcelino. *(Se abrazan efusivamente.)* ¿No has notado, desde que traspuse esos umbrales, que un júbilo radiante me rebosa del alma?

MARCELINO.— Pero ¿qué te sucede para esa satisfacción?

GONZALO.— ¡Ah, mi querido amigo, un fausto suceso llena mi casa de alegres presagios de ventura!

MARCELINO.— Pues ¿qué ocurre?

GONZALO.— Tú, Marcelino, conoces mejor que nadie este amor, qué digo amor, esta adoración inmensa que siento por esa noble criatura llena de bondad y de perfecciones que Dios me dio por hermana.

MARCELINO.— Sé cuánto quieres a Florita.

GONZALO.— ¡Oh, no!, no puedes imaginarlo, porque en este amor fraternal se han fundido para mí todos los amores de la vida. De muy niños quedamos huérfanos. Comprendí que Dios me confiaba la custodia de aquel tesoro y a ella me consagré por entero; y la quise como padre, como hermano, como preceptor, como amigo; y desde entonces, día tras día, con una abnegación y solicitud maternales, velo su sueño, adivino sus caprichos, calmo sus dolores, alivio sus inquietudes y soporto sus puerilidades, porque, claro, una juventud defraudada produce acritudes e impertinencias muy explicables. Pues bien, Marcelino: mi único dolor, mi único tormento era ver que pasaban los años y que Florita no encontraba un hombre…; un hombre que, estimando los tesoros de su belleza y de su bondad en lo que valen, quisiera recoger de su corazón todo el caudal de amor y de ternura que brota de él. ¡Pero al fin, Marcelino, cuando yo ya había perdido las esperanzas…, ese hombre…!

MARCELINO.— ¿Qué?

GONZALO.— ¡Ese hombre ha llegado!

GALÁN se asoma por la izquierda con cara de terror.

MARCELINO.— (*Aparte.*) ¡Dios mío!

GONZALO.— Y si lo pintan no lo encontraremos ni más simpático, ni más fino, ni más bondadoso. Edad adecuada, posición decorosa, honorabilidad intachable…, ¡Un hallazgo!... ¿Sabes quién es?

MARCELINO.— ¿Quién?

GONZALO.— Numeriano Galán… ¡Nada menos que Numeriano Galán! (*GALÁN manifiesta un pánico creciente.*) ¿Qué te parece?

MARCELINO.— Hombre, bien… Me parece bien. (*GALÁN le hace señas de que no.*) Buena persona, (*Siguen las señas negativas de GALÁN.*) Un individuo honrado… (*GALÁN sigue diciendo que no.*) Pero yo creo que debías informarte, que antes de aceptarle debías…

GONZALO.— (*Contrariado.*) Pero ¿qué estás diciendo?

MARCELINO.— Hombre, se trata de un forastero que apenas conocemos, y por consecuencia…

GONZALO.— ¡Bah, bah, bah!... Ya empiezas con tus suspicacias, con tus pesimismos de siempre… ¡Has de leer la carta que le ha escrito a Florita!... Una carta efusiva, llena de sinceridad, de pasión, modelo de cortesanía, diciéndola que me entere de sus propósitos y que le fijemos el día de la boda... Con que ya ves si en un hombre que dice esto..., ¡dudar, por Dios!

MARCELINO.— (¡Canallas!) No, si yo lo decía porque, como es una cosa inopinada, quién no te dice que a veces..., como este pueblo es así..., figúrate que alguien..., una broma...

GONZALO.— (*Le coge de la mano vivamente con expresión trágica.*) ¡Cómo una broma!

MARCELINO.— Hombre, quiero decir...

GONZALO.— ¿Qué quieres decir?

MARCELINO.— No, nada, pero...

GONZALO.— (*Sonriendo.*) ¡Una broma!... no sueñes con ese absurdo. Ya sabe todo el mundo que bromas conmigo, cuantas quieran. Las tolero, no con la inconsciencia que suponen, pero en fin, con esa amable tolerancia que dan los años; pero una broma de este jaez con mi hermana será trágica para todos. Sería jugarse la vida sin apelación, sin remedio, sin pretexto. Te lo juro por mi fe de caballero.

MARCELINO.— No, no te pongas así... Si te creo, si figúrate, pero, vamos...

GONZALO.— Además, puedes desechar tus temores, Marcelino, porque esto no es una cosa tan inopinada como tú supones.

MARCELINO.— Ah, ¿no?

GONZALO.— Hoy, llena de rubor la pobrecilla, me lo ha confesado todo. Ella ya tenía ciertos antecedentes. Dudaba entre Picavea y Galán, porque los dos la han cortejado desde esos balcones; pero su preferido era Galán, y por eso se ha apresurado a aceptarle loca de entusiasmo... ¡Sí, loca! ¡Porque está loca de gozo, Marcelino! Su alegría no tiene límites... Y a ti puedo decírtelo... ¡ya piensa hasta en el traje de boda!

MARCELINO.— ¡Hombre, tan deprisa!...

GONZALO.— Quiere que sea liberty... ¡Yo no sé qué es liberty, pero ella dice que liberty, y liberty[19] ha de ser!... ¡Florita es dichosa, Marcelino!... ¡Mi hermana es feliz!... ¿Comprendes ahora este gozo que no cambiaría yo por todas las riquezas de la tierra?... ¡Ah, qué contento estoy! ¡Y es tan buena la pobrecilla que, cuando me hablaba de si al casarnos tendríamos que separarnos, una nube de honda tristeza nubló su alegría. Yo, emocionado, balbuciente, la dije: «No te aflijas, debes vivir sola con tu marido. Mucho ha de costarme esta separación al cabo de los años, pero por verte dichosa, ¿qué amargura no soportaría yo?...». Nos miramos, nos abrazamos estrechamente y rompimos a llorar como dos chiquillos. Yo sentí entonces en mi alma algo así como una blandura inefable, Marcelino, algo así como si el espíritu de mi madre hubiera venido a mi corazón para besarla con mis labios. Y ves..., yo..., todavía..., una lágrima... (*Emocionado, se enjuga los ojos.*) Nada, nada...

MARCELINO.— (¡Dios mío, y quién le dice a este hombre que esos desalmados...!)

GONZALO.— ¿Comprendes ahora mi felicidad, comprendes ahora mi júbilo?

MARCELINO.— Hombre, claro, pero...

---

[19]. Señala Seco que *liberty* se empleaba como sinónimo del estilo modernista, que en la moda femenina combinaba estampados florales sobre tejidos ligeros, suaves y brillantes.

GONZALO.— Con que vas a hacerme un favor, un gran favor, Marcelino.

MARCELINO.— Tú dirás…

GONZALO.— Que llames a Galán.

MARCELINO.— ¿A Galán?

GONZALO.— A Galán. Sé que está aquí y quiero, sin aludir para nada al asunto, claro está, darle un abrazo, un sencillo y discreto abrazo en el que note mi complacencia y mi conformidad.

MARCELINO.— Es que, si no estoy equivocado, me parece que ya se marchó.

GONZALO.— No, no…, está en el Casino; me lo ha dicho el conserje. Y tengo interés, porque además del abrazo, traigo un encargo de Florita: invitarle a una *suaré* que daremos dentro de ocho días. (*Toca el timbre. Aparece MENÉNDEZ.*) Menéndez, haga el favor de decir al señor Galán que venga un instante.

MENÉNDEZ.— Sí, señor. (*Vase.*)

GONZALO.— ¡Qué boda, Marcelino, qué boda!... Voy a echar la casa por la ventana. Traigo al Obispo de Anatolia para que los case; y digo al de Anatolia, porque en obispos es el más raro que conozco.

MARCELINO.— (¡Pobre Galán!)

ESCENA XV

DICHOS y NUMERIANO GALÁN por segunda izquierda.

NUMERIANO.— (*Haciendo esfuerzos titánicos por sonreír. Viene pálido, balbuciente.*) Mi querido don Gon..., don Gon...

GONZALO.— ¡Galán!... ¡Amigo Galán!...

NUMERIANO.— ¡Don Gonzalo!

GONZALO.— ¡A mis brazos!

NUMERIANO.— Sí, señor. (*Se abrazan efusivamente.*)

GONZALO.— ¿No le dice a usted este abrazo mucho más de lo que pudiera expresarse en un libro?

NUMERIANO.— Sí, señor... Este abrazo es para mí un diccionario enciclopédico, don Gonzalo.

GONZALO.— Reciba usted con él la expresión de mi afecto sincero y fraternal. ¡*Fra-ter-nal*!

NUMERIANO.— *Ya lo sé*... Sí, señor... Gracias..., muchas gracias, don Gonzalo. (*Le suelta.*)

GONZALO.— ¿Cómo don?... Sin don, sin don...

NUMERIANO.— Hombre, la verdad, yo, como...

GONZALO.— Pero parece usted hondamente preocupado..., está usted pálido...

NUMERIANO.— No, la emoción..., la...

MARCELINO.— Hazte cargo; le ha pillado tan de sorpresa... Y luego esta acogida...

NUMERIANO.— Sí, señor... Sobre todo la acogida.

GONZALO.— ¡Pues venga otro abrazo! (*Se abrazan.*)

NUMERIANO.— (¡Qué bíceps!)

GONZALO.— ¿Qué dice?

NUMERIANO.— Nada, nada, nada...

GONZALO.— Y después de hecha esta ratificación de afecto, le diré a usted que le he molestado, querido Galán, para invitarle, al mismo tiempo que a Marcelino, a una *suaré* que celebraremos en breve en los jardines de mi casa, que es la de ustedes…

NUMERIANO.— Con mucho gusto, don Gonzalo.

GONZALO.— Allí será usted presentado a nuestras amistades.

NUMERIANO.— Tanto honor… (Yo salgo esta noche para Villanueva de la Serena.)

GONZALO.— Bueno, y ahora vamos a otra cosa.

NUMERIANO.— Vamos donde usted quiera.

GONZALO.— Me ha dicho Torrijita que es usted un entusiasta aficionado a la caza… ¡Un gran cazador!

NUMERIANO.— ¿Yo?... ¡Por Dios, don Gonzalo, no haga usted caso de esos guasones!... ¡Yo, cazador!... Nada de eso… Que cojo alguna que otra liebre, una perdicilla, pero nada…

GONZALO.— Bueno, bueno… Usted es muy modesto; de todos modos, he oído decir que le gustan a usted mucho mis dos perros *setter*, *Cástor* y *Pólux*...[20] Una buena parejita, ¿eh?...

NUMERIANO.— Hombre, como gustarme, ya lo creo. Son dos perros preciosos.

GONZALO.— Pues bien, a la una los tendrá usted en su casa.

NUMERIANO.— ¡Quiá, por Dios, don Gonzalo, de ninguna manera!...

GONZALO.— Le advierto que son muy baratos de mantener. Por cuatro pesetas diarias los tiene usted como dos cebones.

---

[20]. *En la mitología clásica, hijos de Zeus y Leda.*

NUMERIANO.— ¿Cuatro pesetas?... ¿Y dice usted?...

GONZALO.— A la una los tiene en su casa.

NUMERIANO.— Que no me los mande usted, don Gonzalo, que los suelto... ¡No quiero que usted se prive!...

GONZALO.— Pero, hombre...

NUMERIANO.— Además, a mí se me podían morir. Como no me conocen los animalitos, la hipocondría...

GONZALO.— ¡Ah, eso no, son muy cariñosos, y dándoles bien de comer...!

NUMERIANO.— Pues ahí está, que en una casa de huéspedes... Ya ve usted, a nosotros nos tratan como perros...

GONZALO.— Pues con que den a los perros el trato general, arreglado.

NUMERIANO.— Si ya lo comprendo, pero usted se hará cargo...

GONZALO.— A la una los tendrá usted en su casa.

NUMERIANO.— Bueno...

GONZALO.— Además, también le voy a mandar a usted...

NUMERIANO.— ¡No, no, por Dios!... No me mande usted nada más..., yo le suplico...

GONZALO.— Ah, sí, sí, sí, sí... Ha de ser para mi hermana, con que empiece usted a disfrutarlo. Le voy a mandar mi cuadro, mi célebre cuadro, último vestigio de mi bohemia artística. Una copia que hice de la Rendición de Breda, la obra colosal de Velázquez, conocida vulgarmente por el cuadro de *Las lanzas*...

NUMERIANO.— Sí; ya, ya...

GONZALO.— Sino que yo lo engrandecí; el mío tiene muchas más lanzas.

MARCELINO.— Que le sobraba lienzo y se quedó solo pintando lanzas.

GONZALO.— Ocho metros de lanzas, ¡calcule usted!

NUMERIANO.— ¡Caramba!... ¡¡ocho metros!!

GONZALO.— Lo que tendrá usted que comprarle es un marquito.

NUMERIANO.— ¿Ocho metros, y dice usted que un marquito? ¿Por qué no espera usted a ver si me cae la Lotería de Navidad, y entonces…?

GONZALO.— ¡Hombre, no exagere usted, no es para tanto!... El marco todo lo más se llevará…

NUMERIANO.— Medio kilómetro de moldura. Lo he calculado *grosso modo*. Además, me parece que no voy a tener donde colocarle, porque como no dispongo más que de un gabinete y una alcoba…

GONZALO.— Puede usted echar un tabique.

NUMERIANO.— Sí; pero ¿cómo le voy yo a hablar a mi patrona de echar nada…, si está conmigo si me echa o no?

MARCELINO.— Bueno, pero todo puede arreglarse; divides el cuadro en dos partes; pones la mitad en el gabinete, y debajo una mano indicadora señalando a la alcoba, y el que quiera ver el resto que pase…

GONZALO.— ¡Ja, ja!... Muy bien…, muy gracioso, Marcelino, muy gracioso… ¡Qué humorista!... Conque, con el permiso de ustedes, me marcho, reiterándoles la invitación a nuestra próxima *suaré*… (*Tendiéndoles la mano.*) Querido Marcelino…

MARCELINO.— Adiós, Gonzalo.

GONZALO.— Simpático Galán…

106

NUMERIANO.— Don Gonzalo… (*Le va a dar la mano.*)

GONZALO.— No, no…, la mano, no…, otro efusivo y fraternal abrazo. (*Se abrazan.*) ¡Fra-ter-nal!

ESCENA XVI

DICHOS, TORRIJA, MANCHÓN, TITO GUILOYA y PICAVEA.[21]

TODOS.— (*Desde la primera izquierda, aplaudiendo.*) ¡Bravo, bravo!

TITO.— Abrazo fraternal.

PICAVEA.— Preludio de venturas infinitas.

TORRIJA.— ¡Hurra!... ¡Tres veces hurra!

TODOS.— ¡Hurra!

TITO.— ¿Conque era cierto lo que se susurraba?

GONZALO.— ¡Ah, pero éstos saben…!

TITO.— ¡Estas noticias corren como la pólvora!...

MANCHÓN.— ¡Enhorabuena, don Gonzalo!

TORRIJA.— ¡Enhorabuena, Galán!

MARCELINO.— (¡Canallas!)

NUMERIANO.— (¡Granujas! ¡Por éstas que me las pagáis!)

TITO.— Y aquí traemos una botella de champagne, para rociar con el vino de la alegría los albores de una ventura que todos deseamos inacabable.

---

21. *Todas las ediciones respetan el original, que olvida en esta relación de personajes a Flora.*

MANCHÓN.— Adelante, Menéndez. (*Pasa MENÉNDEZ, prime-ra izquierda, con servicio de copas de champagne.*)

GONZALO.— Se acepta y se agradece tan fina y delicada cortesanía. Gracias, queridos pollos, muchas gracias.

TITO.— Escancia, Torrija. (*Se sirve el champagne.*) Señores: levanto mi copa para que este glorioso entronque de Galanes y Trevélez proporcione a un futuro hogar horas de bienandanza, y a Villanea hijos preclaros que perpetúen sus glorias y enaltezcan sus tradiciones.

TODOS.— (*Con las copas en alto.*) ¡¡Hurra!!

GONZALO.— Gracias, señores, gracias... Y yo, profundamente emocionado, quiero corresponder con un breve discurso a la...

En ese momento se escucha en el piano de enfrente el «Torna a Surriento»[22] *y a poco la voz de FLORITA que lo canta de un modo exagerado y ridículo.*

TITO.— ¡Silencio!

TORRIJA.— ¡Callad!... (*Quedan exageradamente atentos.*)

GONZALO.— (*Casi con emoción.*) ¡Es ella!... ¡Es ella, Galán!... ¡Es un ángel!

TITO.— ¡Qué voz! ¡Qué extensión!... (*Suena un timbre.*) ¡Qué timbre!

TORRIJA.— ¡Qué timbre más inoportuno!

GONZALO.— (*Indignado.*) ¡Pararle, hombre, pararle!

TORRIJA.— ¡Ah, don Gonzalo!... Eso es, en una pieza, la Pareto y la Galicursi.[23]

---

22. *Canción napolitana debida a Ernesto Curtis, con letra de su hermano Giambattista, que popularizó el tenor italiano Beniamino Gigli.*

MANCHÓN.— ¡Yo la encuentro más de lo último que de lo primero!

TODOS.— Mucho más, mucho más…

GONZALO.— Silencio... No perder estas notas… (*Todos callan. FLORITA acaba con una nota aguda, y estalla una ovación.*)

TODOS.— ¡Bravo, bravo!... (*Aplauden.*)

MARCELINA.— ¡Bravo, Florita, bravo!

FLORA.— (*Levanta la persiana a manera de telón y se asoma saludando.*) Gracias, gracias. (*Baja la persiana.*)

TODOS.— (*Volviendo a aplaudir.*) ¡Bravo, bravo!

GONZALO.— ¡Es un ángel! ¡Es un ángel!

FLORA.— (*Volviendo a levantar la persiana.*) Gracias, gracias… ¡Muchas gracias! (*Vuelve a bajarla.*)

MANCHÓN.— ¡Admirable!

TITO.— ¡Colosal!

TORRIJA.— ¡Suprema!

GONZALO.— (*Se limpia los ojos.*) ¡Son lágrimas!... ¡son lágrimas… ¡cada vez que canta me hace llorar!

TITO.— (*Fingiendo aflicción.*) ¡Y a todos, y a todos! (*Vuelven a aplaudir.*)

FLORA.— (*Levanta la persiana, sonríe y tira un beso.*) Para Galán! (*Felicitaciones, abrazos y vítores.*)

TELÓN

---

23. Célebres sopranos, barcelonesa la primera, que vivió entre 1889 y 1975; e italiana la segunda (1882-1963).

ACTO SEGUNDO

Jardín en la casa de Trevélez. Es por la noche. Luces artísticamente combinadas entre el follaje y las ramas de los árboles.

A la derecha, en primer término, hay un poético rincón esclarecido por la luz de la luna y en el que se verá una pequeña fuente con un surtidor; a los lados, dos banquillos rústicos.

En la izquierda, hacia el foro, figura que está la casa. En ese punto resplandece una mayor iluminación y se escucha la música de un sexteto y gran rumor de gente.

ESCENA I

MARUJA, CONCHITA, QUIQUE y NOLO, del foro izquierda.

MARUJA.— ¡Ay, sí, hija, sí, por Dios!... Vamos hacia este rincón.

QUIQUE.— Esto está muy poético.

CONCHITA.— Por lo menos muy solo.

NOLO.— Solísimo.

MARUJA.— A mí estas cachupinadas[1] me ponen frenética.

QUIQUE.— Pero, por Dios, ¡qué gente tan cursi hay aquí!

[1.] Reunión de gente cursi, de la baja burguesía, donde se baila y se organizan juegos.

MARUJA.— No, allí, allí…

QUIQUE.— Eso he querido decir.

MARUJA.— Pues ha dicho usted lo contrario, hijo mío.

CONCHITA.— ¿Y has visto a Florita?

NOLO.— ¡Qué esperpento!

CONCHITA.— La visten sus enemigos.

MARUJA.— ¡Eso quisiera ella!... Ni eso.

CONCHITA.— ¡Con ese pelo y con esa figura que me gasta, ponerse un traje salmón!... ¡Ja, ja!...

NOLO.— ¡Y hay que ver lo mal que le sienta el salmón!

MARUJA.— Está como para tomar bicarbonato.

QUIQUE.— ¿Y qué me dicen ustedes de su amiga inseparable, de Nilita, la de Palacios?...

CONCHITA.— ¡Cuidado que es orgullosa!... acaba de decirme que ella no baila más que con los muchachos de mucho dinero.

MARUJA.— Ya lo dice Catalina Ansúrez, que esa es como un trompo, sin guita no hay quien la baile.

QUIQUE.— ¡Ja, ja!

CONCHITA.— ¡Y mire usted que llamarse Nilita!

NOLO.— Yo cuando voy a su casa no fumo.

CONCHITA.— ¿Por qué?

NOLO.— Me da miedo. Eso de Nilita me parece un explosivo… ¡La *nilita*!

MARUJA.— ¡No tiene el valor de su Petronila!

TODOS.— (*Riendo.*) ¡Ja, ja!

CONCHITA.— Y habrán comprendido ustedes que esta cachupinada la dan los Trevélez para presentarnos al novio, a Galán.

MARUJA.— No lo presentarán como galán joven, ¿eh?

QUIQUE.— Ni mucho menos. (*Ríen todos.*)

ESCENA II

DICHOS, TITO y TORRIJA, por la izquierda.

TITO.— ¡Caramba!... ¡coro de murmuración; como si lo viera!

MARUJA.— Ay, hijo, ¿en que lo ha conocido usted?

TITO.— Mujeres junto a una fuente, y con cacharros…, a murmurar, ya se sabe.

QUIQUE.— Oiga usted, señor Guiloya, eso de cacharros, ¿es por nosotros?

TITO.— Es por completar la figura retórica.

QUIQUE.— ¿Y por qué no la completa usted con sus deudos?

TITO.— No los tengo.

QUIQUE.— Bueno, pues con sus deudas, que esas no dirá usted que no las tiene.

TORRIJA.— ¡Ja, ja!... (*Fingiendo una gran risa.*) Pero, ¿has visto qué gracioso?...

TITO.— ¡Calla, hombre! Si este joven creo que hace unos chistes con los apellidos, que dice su padre que por qué no será todo el mundo expósito…

MARUJA.— Es que si el chico fuera muy gracioso, ¿qué iban a hacer los demás?

TITO.— Bueno; pero vamos a ver: ¿se murmuraba o no se murmuraba?

MARUJA.— No se murmuraba, hijo; sencillos comentarios.

TITO.— No, si no me hubiesen extrañado las represalias, porque hay que oír cómo las están poniendo a ustedes allí, en aquel cenador precisamente.

MARUJA.— ¡Ay, sí!... ¿Y quién se ocupa de nosotros, hijo?

TORRIJA.— Pues Florita, su despiadada, su eterna rival de usted.

MARUJA.— ¿Y qué decía, si puede saberse?

TORRIJA.— Que no puede usted remediarlo, que desde que sabe usted que ella se casa, que se la come la envidia. Que por eso se han venido ustedes tan lejos.

TITO.— Y que toda la vida se la ha pasado usted poniéndoles dos luces a San Antonio, una para que le dé a usted novio y otra para que se lo quite a las amigas.

TORRIJA.— Pero que ya puede usted apagar la segunda.

TITO.— Y la primera.

MARUJA.— Y les ha mandado a ustedes a soplar, ¿eh?... ¡Muy bien, muy bien!... (*Todos ríen.*)

QUIQUE.— (Chúpate esa.)

NOLO.— (Tiene gracia.)

TITO.— Pues si oye usted a Aurorita Méndez… ¡qué horror!... Decía que no sabe qué atractivo tiene usted para que la asedien tantos pipiolos.

NOLO.— Oiga usted, señor Guiyola, ¿eso de pipiolos es por nosotros?

TITO.— Es por completar la figura retórica.

TORRIJA.— Y la ha puesto usted un mote que ha sido un éxito.

TITO.— La llama «El Paraíso de los niños».

MARUJA.— ¡Muy gracioso, muy gracioso!... ¿Y eso lo ha dicho Aurorita Méndez? ¡Me parece mentira que diga esas cosas la hija de un catedrático!

CONCHITA.— Una pobrecita más flaca que un fideo y que lleva un escote hasta aquí.

MARUJA.— Y no sé para qué, porque enseña menos que su padre…

QUIQUE.— ¡Que es el colmo!

MARUJA.— Como que cuando esa marisabia hizo el bachillerato, decían los chicos que el latín era lo único que tenía sobresaliente.

CONCHITA.— ¡Déjalas…, ya quisieran!

NOLO.— No haga usted caso. Siempre ha habido clases.

MARUJA.— Eso lo dirá el padre, porque ella tiene vacaciones para un rato… ¡El Paraíso de los niños!... Vamos hacia allá, que voy a ver si le digo dos cositas y me convierto en «El Infierno de los viejos»…

NOLO Y QUIQUE.— Muy bien, muy bien. ¡Bravo, bravo! (Vanse izquierda.)

TITO.— Va que trina. (Riendo.)

TORRIJA.— ¡Esta noche se pegan!...

TITO.— Eso voy buscando.

TORRIJA.— ¡Eres diabólico!

114

ESCENA III

DICHOS, PICAVEA y MANCHÓN.

PICAVEA.— Oye, ¿qué le habéis dicho a Maruja Peláez, que va echando chispas?

TORRIJA.— Las cosas de éste; ya le conoces.

TITO.— ¿Y Galán, y Galán?... ¿Cómo anda, tú?

MANCHÓN.— ¡Calla chico; medio muerto!

PICAVEA.— Allí le tenéis al pobre, en brazos de Florita, lívido, sudoroso, jadeante... Pasan del *fox trot* al *guan step,* y del *guan step* al *tuesten,*[2] sin tomar aliento.

MANCHÓN.— Y en el tuesten le hemos dejado.

PICAVEA.— Está que echa hollín.

TITO.— ¡Formidable, hombre, os digo que formidable!...

PICAVEA.— Bueno, tú, pero yo creo que debías ir pensando en buscar una solución a esta broma, porque el pobre Galán, en estos quince días, se ha quedado en los huesos.

MANCHÓN.— ¡Está que no se le conoce!

TORRIJA.— ¡Da lástima!

TITO.— Señor, pero ¿no era esto lo que nos proponíamos? Las bromas, pesadas, o no darlas.

MANCHÓN.— Sí, pero es que este hombre está en un estado de excitación, que ya has visto los dos puntapiés que le ha dado a Picavea en el vestíbulo.

PICAVEA.— ¡Qué animal!... ¡Como que si no le sujetáis, me

---

[2]. *Como en veces anteriores, los personajes adaptan extranjerismos de reciente introducción –one step, two step– a la fonética española.*

tienen que extraer la bota quirúrgicamente!

TITO.— ¿Se ha enterado don Gonzalo del jaleo?

TORRIJA.— Creo que no. Pero, en fin, yo también temo que Galán, si apuramos mucho la broma, en su desesperación, confiese la verdad y se produzca una catástrofe.

TITO.— No asustarse, hombre, si le tiene a don Gonzalo más miedo que a nosotros.

PICAVEA.— Bueno, pero es que además, estos pobres ancianos han tomado la cosa tan en serio que, según dicen, Florita se está haciendo hasta el *trousseau.*[3] Y vamos, hasta este extremo, yo creo que...

TITO.— Nada, hombre, que no apuraros. Ya me conocéis... ¿Habéis visto la gracia con que he complicado todo esto?... Pues mucho más gracioso es lo que estoy tramando para deshacerlo.

LOS TRES.— ¿Y qué es? ¿Qué es?

TITO.— Permitidme que me lo reserve. Lo tengo todavía medio urdido. Os anticiparé, sin embargo, que es un drama pasional, que voy a complicar en él nuevos personajes y que tiene un desenlace muy poético, inesperado y sentimental...

PICAVEA.— Bueno, pero...

TITO.— Ni una palabra más. Pronto lo sabréis todo.

MANCHÓN.— Chist... Silencio. Mirad, Galán, que viene agonizante en brazos de don Marcelino.

TORRIJA.— ¡Pobrecillo!

TITO.— Huyamos.

Vanse izquierda riendo.

---

[3]. *Ajuar.*

ESCENA IV

GALÁN y DON MARCELINO, por la derecha.

NUMERIANO.— (*Desesperado, deprimido, con cara de fatiga y medio llorando.*) ¡Ay, que no…, ay, que no puedo más, señor Córcoles!... Yo me marcho, yo huyo, yo me suicido. Todo menos otro *fox trot*.

MARCELINO.— (*Conteniéndole.*) Pero espera, hombre, por Dios, ten calma.

NUMERIANO.— No, no puedo. ¡Otro *guan step* y desfallezco! Esta broma está tomando para mí proporciones trágicas, espeluznantes, aterradoras… Yo me voy, me voy… ¡Déjeme usted!...

MARCELINO.— ¡Pero, por Dios, Galán, no seas loco! Ten calma…

NUMERIANO.— No, no puedo más, don Marcelino; porque, aparte del terror que me inspira don Gonzalo…, es que Florita… ¡Florita me inspira mucho más terror todavía!... (*Se vuelve aterrado.*) ¿Viene?

MARCELINO.— No, no tengas miedo, hombre.

NUMERIANO.— No, si no es miedo; ¡es pánico!... porque, sépalo usted todo, don Marcelino… ¡Es que la he vuelto loca!

MARCELINO.— ¿Loca?

NUMERIANO.— ¡Está loca por mí!... ¡Pero loca furiosa!

MARCELINO.— ¿Es posible?

NUMERIANO.— Lo que sintió Eloísa por Abelardo fue casi una antipatía personal comparado con la pasión que he encen-

dido en el alma volcánica de esta señorita... Y la llamo
señorita por no agraviar a ninguna especie zoológica. Figúrese usted que me obliga a estar a su lado para hablarme
de amor, durante ¡nueve horas diarias!

MARCELINO.— ¡¡Nueve!!

NUMERIANO.— ¡Y cuando me voy me escribe!

MARCELINO.— ¡Atiza!

NUMERIANO.— Mientras estoy en la oficina me escribe... Me
voy a comer, y me escribe... Me meto en el baño...

MARCELINO.— ¿Y te escribe?

NUMERIANO.— Me cablegrafía. ¡Lleva en el bolsillo una caja
de pastillas de sublimado[4] y una *browning*[5] por si la aban-
dono! Las pastillas para mí, la *browning* para... Digo,
no... Bueno, no me acuerdo, pero yo en el reparto salgo
muy mal parado. ¡Dice que me mata si la dejo!

MARCELINO.— Eso es lo peor.

NUMERIANO.— No, quia. Lo peor es que como sabe usted que
pinta, me está haciendo un retrato.

MARCELINO.— ¿Al óleo?

NUMERIANO.— Al pastel. Y tengo que poner la mirada dulce...

MARCELINO.— Es natural.

NUMERIANO.— Y estarme hora y media inmóvil, vestido de
cazador, con aquellos dos perros del regalito, que se me
están comiendo el sueldo, y una liebre en la mano, en esta
actitud. (*Hace una postura ridícula.*)

---

4. Medicamento obtenido mediante sublimación.
5. *Pistola automática que recibe el nombre de su inventor.*

MARCELINO.— Como diciendo: ¡ahí va la liebre!

NUMERIANO.— ¡Sí, señor, y así quince días!... ¡Quince!... ¡Figúrese usted cómo estaré yo y cómo estará la liebre!

MARCELINO.— ¡Y cómo estarás de pastel!

NUMERIANO.— Que paso por una pastelería y me vuelvo de espaldas. No le digo a usted más. ¡Con lo goloso que yo era!

MARCELINO.— ¡Qué horror!

NUMERIANO.— Bueno, pues mientras me acaba el pictórico, me ha pedido el retrato fotográfico, ha mandado sacar ocho ampliaciones y dice que me tiene en el gabinete y en el comedor y en los pasillos…, ¡y que me tiene hasta en la cabecera de la cama!... ¡Y yo no paso de aquí, don Marcelino, no paso de aquí!

MARCELINO.— ¡Pobre, Galán!... Pero, claro, lo que sucede es lógico. Una mujer que ya había perdido sus ilusiones ve renacer de pronto…

NUMERIANO.— Lo ve renacer todo. ¡Qué ímpetu, qué fogosidad!... ¡Con decirle a usted que ya está bordando el juego de novia!

MARCELINO.— ¡Hombre, por Dios, procura evitarlo!

NUMERIANO.— Pero ¿cómo?... si para disuadirla la he dicho que está prohibido el juego, y no me hace caso. Ayer me enseñó dos saltos de cama –figúrese usted el salto mío–, para preguntarme que cómo me gustaban más los saltos, si con caídas o sin ellas.

MARCELINO.— Tú le dirías que los saltos sin caídas.

NUMERIANO.— Yo no sé lo que le dije, don Marcelino, porque yo estoy loco. Puedo jurarle a usted que en mi desesperación, más de tres veces he venido a esta casa resuelto a confesarle la verdad a don Gonzalo; pero claro, le encuentro siempre tirando a las armas, o con los guantes de boxeo puestos, dándole puñetazos a una pelota que tiene sujeta entre el techo y el suelo…

MARCELINO.— Un fuchimbool.[6]

NUMERIANO.— No sé cómo se llama, pero como a cada puñetazo la pelota oscila de un modo terrible y la habitación retiembla, yo me digo: ¡Dios mío, si le confieso la verdad y se ciega y me da a mí uno de esos en el balón, (*Por la cabeza.*) pasado mañana estoy prestando servicio en el Purgatorio!

MARCELINO.— No, hombre, no, por Dios… Ten ánimo, no te apures.

NUMERIANO.— Sí, no te apures, pero el compromiso va creciendo, y esos miserables burlándose de mí. ¡Maldita sea!...

MARCELINO.— ¡Ah, oye! Lo que te aconsejo es que te moderes, porque Gonzalo me acaba de preguntar que por qué le has dado dos puntapiés a Picavea, en el vestíbulo, y no he sabido qué decirle.

NUMERIANO.— Y los mato, no lo dude usted, los mato como no busquen a este conflicto en que me han metido, una solución rápida, inmediata. ¡Es necesario, es urgentísimo!

MARCELINO.— Descuida, que creo lo mismo, y en ese sentido voy a hablarle a Tito Guiloya.

NUMERIANO.— ¡Sí, porque yo ya no espero más que esta noche para tomar una resolución heroica!

MARCELINO.— Aguárdame aquí. Voy a hablarles seriamente. No tardo.

---

6. Castellanización de la voz inglesa «punching-ball».

NUMERIANO.— Oiga usted, don Marcelino; si Florita le pregunta a usted que dónde estoy, dígale que me he subido a la azotea, hágame el favor. Siquiera que tarde en encontrarme, porque me andará buscando, de seguro.

MARCELINO.— Descuida.

Vase izquierda.

ESCENA V

NUMERIANO.— (*Cae desfallecido sobre un banco.*) ¡Ay, Dios mío! Bueno, yo hace quince días que no duermo, ni como, ni vivo... ¡Y yo que nunca he debido un céntimo me he hecho hasta tramposo!... Porque entre los dos perros y el marco, que lo estoy pagando a plazos, se me va la mitad del sueldo. ¡Qué cuadrito!... Don Gonzalo le llama *la mancha*, pero quia. Es muchísimo más grande. La Mancha y la Alcarria, todo junto. ¡No le he puesto más que un listón alrededor y me ha subido a veinticinco duros!... ¡Ay!, yo estoy enfermo, no me cabe duda. Tengo dolor de cabeza, inquietud, espasmos nerviosos; porque además de todo esto, esa mujer me tiene loco. Es de una exaltación, de una vehemencia y de una fealdad que consternan. Y luego tiene unas indirectas... Ayer me preguntó si yo había leído una novela que se titula *El primer beso*,[7] y yo no la he leído; pero aunque me la supiera de memoria... ¡Esas bromitas no! Y para colmo, habla con un léxico tan

---

[7.] El mismo año de 1916 Francisco Villaespesa dio a imprenta su traducción de *El primer beso*, comedia en un acto y prosa original del escritor portugués Júlio Dantas (1876-1962).

empalagoso que para estar a su altura me veo negro. Aquí me he venido huyendo de ella... Aquí, siquiera por unos momentos, estoy libre de esa visión horrenda, de esa visión...

FLORA.— (*Apartando el ramaje del fondo de la fuente, asoma su cara risueña y dice melodiosamente.*) ¡Nume!

NUMERIANO.— (*Levantándose de un salto tremendo.*) (¡Cuerno!... ¡La visión!)

FLORA.— Adorado Nume...

NUMERIANO.— (*Con desaliento.*) ¡Florita!

FLORA.— (*Saliendo. Lo mira.*) ¡Pero cuán pálido! ¡Estás incoloro! ¡Te has asustado?

NUMERIANO.— (*Desfallecido.*) Si me sangran no me sacan un coágulo.

FLORA.— Pues yo, errabunda, hace un rato que de un lado a otro del parterre vengo en tu busca. ¿Y tú, amor mío?

NUMERIANO.— ¡Yo vago también; pero más vago que tú, me había sentado un instante a delectarme en la contemplación de la noche serena y estrellada!...

FLORA.— ¡Oh, Nume!... Pues yo te buscaba.

NUMERIANO.— Pues si yo sé que me buscas, te juro que corro, que corro a tu encuentro.

FLORA.— Y dime, Nume, ¿qué hacías en este paradisiaco rincón?

NUMERIANO.— Rememorarte. (Con más elegancia ni D'Anuncio.[8])

---

8. Una vez más Arniches aproxima el nombre extranjero a la ortografía española. Gabriel D'Annunzio (1863-1938) representa el decadentismo modernista.

FLORA.— ¡Ah, Nume mío, gracias, gracias! Ah, no puedes suponerte cuánto me alegro encontrarte en este lugar recóndito.

NUMERIANO.— Bueno, pero, sin embargo, yo creo que debíamos irnos, porque si alguien nos sorprendiera arrinconados y extáticos, podría macular tu reputación incólume, y eso molestaríame.

FLORA.— ¿Y qué importa, Nume?... ¡La felicidad es un pájaro azul que se posa en un minuto de nuestra vida, y después levanta el vuelo, y Dios sabe en qué otro minuto se volverá a posar!

NUMERIANO.— Sí, pero figúrate que ahora viene el pájaro y se posa, pero luego pasa uno y nos lo espanta y encima lo divulga, y ¿qué pasa? Pues que te pesa. Hay que estar en todo. (*Intenta irse.*)

FLORA.— (*Deteniéndole.*) Nume, no seas tímido. La dicha es efímera. Siéntate, Nume.

NUMERIANO.— No me siento, Florita. (¡A solas la tengo pánico!)

FLORA.— Anda, siéntate, porque quiero en este rincón de ensueño pedirte una revelación… (*Le obliga a sentarse.*)

NUMERIANO.— ¡Una revelación!... Bueno; si eres rápida y sintética, atenderete; pero si no alejareme. Habla.

FLORA.— Vamos a ver, Nume, con franqueza: ¿por qué te he gustado yo?

NUMERIANO.— Por nada.

FLORA.— ¿Cómo?

NUMERIANO.— Quiero decir que no me has gustado por nada y… me has gustado por todo. Te he encontrado…

FLORA.— ¿Qué?... ¿Qué?

NUMERIANO.— Te he encontrado un no sé qué… un qué sé yo… un algo así, indefinible; un algo raro. ¡Raro, esa es la palabra!

FLORA.— Bueno; ¿qué te han gustado más, los ojos, la boca, el pie?

NUMERIANO.— Ah eso no, no… Detallar, no he detallado. Me gustas, ¿cómo te diría yo?... En conjunto, en total… Me gustas en globo, vamos…

FLORA.— ¡En globo! ¡Qué concepto tan elevado!

NUMERIANO.— Sí, elevadísimo; lo más elevado posible…, como corresponde a mi admiración.

FLORA.— ¡Ah, Nume mío, gracias, gracias!

NUMERIANO.— No hay de qué.

FLORA.— Y dime, Nume, una simple pregunta: ¿tú has visto por acaso en el cine una película que se titula «Luchando en la oscuridad»?...

NUMERIANO.— ¿En la oscuridad?... No; yo en la oscuridad no he visto nada.

FLORA.— ¡Lo decía, porque en una de sus partes hay una escena tan parecida a esta!

NUMERIANO.— (*Aterrado.*) ¿Sí? (*Intenta levantarse. Ella le detiene.*)

FLORA.— Es un jardín. Un rincón poético, una fontana rumorosa, la luna discreta, dos amantes apasionados…

NUMERIANO.— (*Con miedo creciente.*) ¡Qué casualidad!

FLORA.— De pronto, los amantes, yo no sé por qué, se miran, se prenden de las manos, se atraen.

NUMERIANO.— (¡Cielos!)

FLORA.— Y un beso une sus labios; un beso largo, prolongado;

uno de esos besos de cine, durante los cuales todo se atenúa, se desvanece, se esfuma, se borra, y… aparece un letrero que dice Milano Films. Pues bien, Nume, ese final…

NUMERIANO.— ¡No, no… jamás,… Florita!... Cálmate o pido socorro… No quiero dejarme llevar de la embriaguez. ¡Yo no llego al Milano aunque me emplumen!...

FLORA.— ¡Pero, Nume mío!...

NUMERIANO.— No, Flora, hay que hacerse fuertes… Vámonos, vida mía. Vámonos o llamo.

Se escucha pianísimo el vals de «Eva».[9]

FLORA.— (*Exaltada.*) Espera…, atiende ¡Oh, esto es un paraíso!... ¿No escuchas?

NUMERIANO.— Sí; el vals de *Eva.*

FLORA.— ¡Delicioso!

NUMERIANO.— Delicioso; pero vámonos.

FLORA.— ¡Divina, suave, enloquecedora melodía de amor! ¿Quieres que nos vayamos, como en las operetas?...

NUMERIANO.— Vámonos, y vámonos como te dé la gana.

FLORA.— ¡Oh, Nume!... (*Se van bailando el vals*).

NUMERIANO.— ¡Por Dios, Florita, no aprietes, que congestionas! (*Hacen mutis bailando. Vanse por la izquierda.*)

9. *Opereta en tres actos de Franz Lehar, con libreto de Atanasio Melantucke, muy apreciada por el público madrileño.*

ESCENA VI

DICHOS y DON GONZALO, por la izquierda.

GONZALO.— (*Los saca cogidos cariñosamente, a ella de una mano y a él de una oreja. Ella baja la cabeza risueña y ruborosa ocultándo la cara tras el abanico; él, aterrado, aunque tratando inútilmente de sonreír.*) ¡Venid, venid acá, picarillos irreflexivos, imprudentes!...

FLORA.— ¡Ay, por Dios, Gonzalo!... ¡Cogionos!

GONZALO.— ¡Aquí, en un rincón, y los dos solitos!...

NUMERIANO.— Don Gonzalo, por Dios, yo negueme, pero ella insistiome y complacila, ¿qué iba a hacer?

GONZALO.— (*Cambiando la fingida expresión de enfado por otra risueña.*) No, hombre, no, si lo comprendo. Los enamorados son como los pájaros; siempre buscando las frondas apartadas, los lugares silenciosos...

FLORA.— (*Muy digna.*) ¡Pero por Dios, Gonzalo, a pesar de la soledad, no vayas a creer que nosotros..!

NUMERIANO.— Yo aseguro a usted que ha sido una cosa meramente fortuita.

GONZALO.— ¿Fortuita?... Cállese seductor.

FLORA.— ¡Huy, seductor!...

NUMERIANO.— Don Gonzalo, yo le juro...

GONZALO.— Ahora, que yo confío, amigo Galán, en su caballerosidad, y espero que este tesoro encomendado a su hidalguía...

NUMERIANO.— ¡Por Dios ¿quiere usted enmudecer?... ¡Ni aunque nos sorprendiese usted en el trópico!

GONZALO.— Ya lo sé, ya lo sé... Y vaya, pase esto como una ligereza de chiquillos; y ahora que estamos los tres juntitos, venid acá, parejita feliz. Venid y decidme... ¿sois muy dichosos, muy dichosos?... La verdad...

NUMERIANO.— Hombre, don Gonzalo..., yo...

GONZALO.— No me diga usted más. (*A FLORA.*) ¿Y tú?

FLORA.— Mucho, mucho, mucho. No hay paleta, por muy paleta que sea, que tenga colores suficientes para pintar mi felicidad.

GONZALO.— ¡Oh, qué feliz, qué venturoso me hacéis!... ¡Ah, querido Galán!, ya lo ve usted..., en ese corazoncito ya no vivo yo solo. (*Con pena.*)

FLORA.— ¡Por Dios, Gonzalo!

GONZALO.— Sí. ¡Otro cariñito ha penetrado en él arteramente, y apenas queda ya sitio para el pobre hermano!...

NUMERIANO.— ¡Hombre, don Gonzalo, yo sentiría que por mí...!

GONZALO.— ¡Ah, pero no me importa!... Ámela usted con este acendrado amor con que yo la amo, y si la veo dichosa me resignaré contento a la triste soledad en que voy a quedarme...

NUMERIANO.— Don Gonzalo, por Dios; si le va a usted a servir esto de un disgusto tan grande... yo estoy dispuesto incluso a renunciar a...

FLORA.— ¡Pero calla, por Dios!... ¿Qué estás diciendo?... Si son tonterías de este... Chocheces. ¡Egoísmos de viejo!...

GONZALO.— Sí, sí...; egoísmos. Pero, por Dios, riquita, no te enfades. Y, ¡ea!... Perdonad a un hermano impertinente esta pequeña molestia... Y venga usted acá, querido Galán, venga usted acá... ¡Oh, amigo mío, ha elegido usted tarde, pero ha elegido usted bien!

FLORA.— Vamos, calla, por favor, Gonzalo.

GONZALO.— Yo no digo que físicamente Florita sea una per-
fección, pero es un conjunto tan armónico, tan sugestivo,
tan atrayente!... Ni es alta, ni baja, ni rubia, ni morena...,
es más bien castaña..., ¡pero qué castaña!... Y mirándo-
la..., cuántas... cuántas veces he recordado los versos del
jocundo, del galante arcipreste de Hita:[10]
Cata mujer fermosa, donosa e lozana
Que non sea mucho luenga, otrosí nin enana

FLORA.— Estatura regular, vamos. (*Alardeando de la suya.*)

GONZALO.—
Que teña ojos grandes, fermosos, relucientes,
E de luengas pestañas, bien claros e reyentes.

FLORA.— (*Los abre mucho.*) Como, por ejemplo...

GONZALO.—
Las orejas pequeñas, delgadas. Páral mientes
Si ha el cuello alto, que atal quieren las gentes.
La nariz afilada...

FLORA.— Bueno, eso...

GONZALO.—
Los dientes menudillos.
Los labros de la boca bermejos, angostillos.
La su faz sea blanca, sin pelos, clara e lisa.
Puña de haber mujer que la veas deprisa,
Que la talla del cuerpo te dirá: esto aguisa.
E complicada de hombros, e con seno de peña.
Ancheta de caderas; esta es talla de dueña.

---

10. Estrofas 431 y ss. del *Libro del Buen Amor.*

FLORA ha ido siguiendo el relato con gestos y actitudes que demuestran su identidad con los versos.

FLORA.— El señor arcipreste parece que me conocía de toda la vida.

GONZALO.— ¿Qué tal, qué tal el retratito?

NUMERIANO.— Un verdadero calco.

GONZALO.— (*A FLORA.*) Y respecto a ti, vamos, que tampoco te llevas costal de paja.

NUMERIANO.— Hombre, tanto como costal...

FLORA.— (*Riendo coquetonamente.*) ¡Y aunque fuera costal, cargaría con él!

GONZALO.— (*Riendo.*) ¿Oyola usted, afortunado Galán?...

NUMERIANO.— Oila, oila...

GONZALO.— Bueno, y ahora, como recuerdo de esta noche memorable, voy a hacerle a usted un regalito.

NUMERIANO.— ¡No, eso sí que no; regalitos, de ninguna manera, don Gonzalo, por lo que más quiera usted en el mundo!

GONZALO.— No, si no nos causa extorsión... Es un retablo gótico, estofado,[11] siglo XVII, con un tríptico atribuido a Valdés Leal,[12] nueve metros de altura por seis de ancho; una verdadera joya. Mande usted restaurar el estofado, que es lo que está peor...

NUMERIANO.— Claro, figúrese usted, un estofado de tantos siglos...

---

11. A la vez, guiso y adorno sobre oro bruñido.
12. Juan Valdés Leal (1622-1690), pintor representante de la escuela barroca sevillana.

GONZALO.— Y por tres mil pesetas…

NUMERIANO.— Sí, bueno, pero tres mil pesetas por un estofado, comprenderá usted… Además, que es cosa a la que no he tenido nunca gran afición…

GONZALO.— Entonces nada digo… Y ea, amigo Galán, adelántesenos usted; evitemos la maledicencia, que no nos vean llegar juntos. Les separo a ustedes, pero solo unos minutos. No me guarde usted rencor.

NUMERIANO.— No, no, quia… ¡Cómo rencor!... ¡Por Dios!... Aprovecharé para ir a la sala de billar.

FLORA.— Bueno, pero no tardes, ¿eh?

NUMERIANO.— Descuida.

FLORA.— ¡Como tardes, te escribo!

NUMERIANO.— No, no, por Dios… Seguirete raudo… ¡Adiós! (¡Maldita sea! ¡No sé a qué sabrá el ácido prúsico,[13] pero esto es cincuenta veces peor!)

Vase izquierda.

ESCENA VII

FLORA y GONZALO.

GONZALO.— Habrás comprendido que, aun a trueque de enojarte, he alejado a Galán intencionadamente.

FLORA.— Figurémelo.

---

13. Cianhídrico, muy tóxico.

GONZALO.— ¿Te ha dicho al fin por qué le dio las dos punteras a Picavea?

FLORA.— ¡Ay!, ni me he acordado de preguntárselo, ¿querrás creerlo?

GONZALO.— ¡Pero, mujer!...

FLORA.— ¡No te extrañe, Gonzalo; el amor es tan egoísta!... Pero, ah, yo lo sospecho todo.

GONZALO.— ¿Qué sospechas?

FLORA.— Que Picavea y Galán se han ido a las manos; mejor dicho, se han ido a los pies, por causa mía.

GONZALO.— ¿Será posible?

FLORA.— Como sabes que los dos me hacían el amor desde los balcones del Casino y he preferido a Galán, observo que Picavea está así como celoso, como sombrío, como despechado. No se aparta de Tito Guiloya. Los dos miran a Numeriano y se ríen. Y, además, hace unos minutos he visto a Picavea en un rincón del jardín hablando misteriosamente con Solita.

GONZALO.— ¿Con tu doncella?

FLORA.— Con mi doncella. ¿Tratará de comprarla?

GONZALO.— ¿De comprarla qué?

FLORA.— De ganar su voluntad para que le ayude, quiero decir... Lo sospecho; porque al pasar entre los evónivus,[14] sin que me vieran le oí decir a ella: «¿Por qué ha hecho usted eso, señorito? ¡Qué locura!». Y él la contestaba: «¡Por derrotar a Galán, haré hasta lo imposible; llegaré hasta la infamia, no lo dudes!».

---

14. Aquí Flora se traiciona, al errar en el nombre del arbusto: evónimo.

GONZALO.— ¡Oh, qué iniquidad! Pero, ¿has oído bien, Florita?

FLORA.— Relatelo según oílo, Gonzalo. Ni palabra más, ni palabra menos. Yo estoy aterrada, porque en el fondo de todo esto veo palpitar un drama pasional.

GONZALO.— Verdaderamente hemos debido alejar de nuestra casa a Picavea con cualquier pretexto.

FLORA.— Al menos no haberle invitado.

GONZALO.— Sí, pero a mí me parecía incorrecto sin motivo alguno hacer una excepción en contra suya.

FLORA.— Sí, es verdad; pero ¡ay, Gonzalo! No sé qué me temo. ¿Tramará algo en la sombra, ese hombre?

GONZALO.— No temas; descuida. Por todo cuanto has dicho, yo también sospecho que algo trama. Pero estaré vigilante, y a la primera incorrección, ¡ay de él!

FLORA.— ¡Por Dios, Gonzalo, efusión de sangre, no!

GONZALO.— Descuida. Sé lo que me cumple. No le perderé de vista. (*Vanse izquierda.*)

ESCENA VIII

DON MARCELINO, NUMERIANO, TITO, TORRIJA, PICAVEA, y MANCHÓN, por el foro izquierda.

MARCELINO.— Oye, pero venid, venid en silencio… Venid acá… Pero ¿es posible lo que decís?

TITO.— Lo que usted oye, don Marcelino.

PICAVEA.— ¡Albricias! ¡Albricias, Galán! ¡Estás salvado!

NUMERIANO.— Yo no lo creo, no me fío.

TORRIJA.— Que sí, hombre, que se le ha ocurrido a éste una solución ingeniosísima, formidable. ¡No puedes imaginártela!

PICAVEA.— Prodigiosa... estupenda... Ya lo verás...

MANCHÓN.— Y que lo acaba todo felizmente, sin que nadie sospeche que esto ha sido una broma.

NUMERIANO.— (*A DON MARCELINO.*) ¿Será posible?

MARCELINO.— Veamos de qué se trata.

TITO.—Te advierto que es una cosa que requiere algún valor.

NUMERIANO.— Sacadme de este conflicto en que me habéis metido, y Napoleón a mi lado es una señorita de compañía.

MARCELINO.— Bueno; decid, decid pronto... ¿Qué es?

PICAVEA.— Cuéntalo tú. Verán ustedes qué colosal.

TITO.— Acercaos, no nos oigan. Es una cosa que tiene su asunto.

NUMERIANO.— ¿Asunto? (*Se agrupan con interés.*)

TITO.— Se trata de representar un drama romántico. Decoración: este jardín; la noche, la luna... Argumento: con cualquier motivo se procura que la señorita de Trevélez venga hacia aquí. Tras ella aparece Picavea...

PICAVEA.— Aparezco yo...

TITO.— Siguiendo solapado y cauteloso sus pasos leves.

NUMERIANO.— Leves para vosotros; para mí, de pronóstico. Adelante.

TITO.— Picavea, apelando a un recurso cualquiera, denota su presencia. Ella, sorprendida al verle, dirá: «¡Ah! ¡Oh!»;

en fin, la exclamación que sea de su agrado; y entonces
éste, con frase primero emocionada, luego vibrante y al
fin trágica, le da a entender en una forma discreta que hace tiempo que la ama de un modo ígneo. Como Florita le
ha visto muchas veces en los balcones del Casino atisban-
do sus ventanas, caerá fácilmente en el engaño, como ca-
yó contigo. Y una vez conseguido esto, Picavea se confie-
sa francamente rival tuyo. Le dice que te confió el secreto
de su amor y que tú te anticipaste, traicionándole, y a partir de esta acusación, te insulta, te injuria, te calumnia…
En esto, surges tú de la enramada, como aparición trágica, lívido, descompuesto, con los ojos centelleantes, las
manos crispadas, y te increpa, le vituperas, le agredes…
suena un ¡ay!..., dos gritos, y éste te da a ti cuatro bofetadas…

NUMERIANO.— ¿Cuatro bofetadas a mí? Encima de…

TITO.— Son indispensables.

MARCELINO.— Pero ¿no se podría hacer un reparto más proporcional?

TITO.— No, porque las bofetadas han de dar lugar a un duelo,
y el duelo es precisamente la clave de mi solución.

NUMERIANO.— ¿De modo que tras lo uno… lo otro? (*Acción
de pegar.*)

MARCELINO.— Cállate… Sigue.

TITO.— Galán, ofendido por la calumnia y por los golpes, le
envía a éste los padrinos; pero Picavea se niega en absoluto a batirse, alegando que éste, encima de robarle el amor
de Florita, le quiere quitar la vida, y que él rendirá la vida
a manos de Galán, pero el amor de Florita, no. Y en consecuencia, que impone como condición precisa para batirse que los dos han de renunciar a ella, sea cual fuere el
resultado del lance.

MARCELINO.— ¡Admirable!

NUMERIANO.— ¡Lo de renunciar yo, colosal!

TITO.— Tú en seguida le escribes a tu prometida una carta heroica, diciendo que por no aparecer como un cobarde sa-
crificas tu inmenso amor; y al día siguiente se simula el
duelo, y tú, fingiéndote herido, te estás en cama ocho días
con una pierna vendada.

NUMERIANO.— No, las piernas déjamelas libres por lo que pudiera suceder.

MARCELINO.— Sí, no metas las piernas en el argumento.

TITO.— Las amigas consolarán a Florita, nosotros convencere-
mos a don Gonzalo para que vuelva a dedicarse a la ae-
rostación y se distraiga, y *tuti contenti.* ¿Eh, qué tal?

MANCHÓN.— ¡Estupendo!

NUMERIANO.— ¿Qué le parece a usted, don Marcelino?

MARCELINO.— Mal, hijo; ¿cómo quieres que me parezca?...
Ahora, que, como yo no veo ninguna solución, lo que me
importa es que termine pronto el engaño de estas pobres
personas, sea como sea. Haced lo que queráis. (*Vase izquierda.*)

NUMERIANO.— Entonces, yo debo limitarme a salir cuando
éste…

MANCHÓN.— Tú vienes con nosotros, que ya te diremos.

TITO.— ¡Callad, Florita; Florita viene hacia aquí…, y viene sola!

PICAVEA.— Como anillo al dedo. Pues no perdamos la ocasión. Cuanto antes mejor. ¿No os parece? Dejadme solo.
Marchaos pronto.

TORRIJA.— ¡Que te portes como quien eres!

PICAVEA.— Zacconi[15] me envidiaría. ¡Ya me conocéis cuando me pongo lánguido y persuasivo!

NUMERIANO.— ¡Oye, y a ver cómo me das esas dos bofetadas que no me molesten mucho!

PICAVEA.— ¡Cuatro, cuatro!...

TITO.— Por aquí… Silencio.

Vanse foro derecha. PICAVEA se oculta en el follaje.

ESCENA IX

PICAVEA y FLORITA, primera izquierda.

FLORA.— (*Como buscándole.*) ¡Nume!... ¡Nume!... ¡No está! (*Llama otra vez.*) ¡Nume!... Pero ¿qué ha sido de ese hombre, si dijo que vendría enseguida?... ¿Estará acaso…? ¡Dios mío, cuando se ama ya no se vive! (*Llama de nuevo.*) ¡Nume!...

PICAVEA.— (*Apareciendo.*) ¡Florita!

FLORA.— ¡Ah!... ¿quién es?

PICAVEA.— Soy yo.

FLORA.— (¡¡Él!!) ¡Picavea!... ¿Usted?

---

15. La escuela verista italiana, con actores como Ermete Zacconi, con su declamación pasional e intensa gestualidad se hizo con las preferencias del público español, y fue imitada por nuestros intérpretes.

136

PICAVEA.— Soy yo, que venía siguiéndola.

FLORA.— ¿Siguiéndome?... ¡Qué extraño!... Pues… es la primera vez que no noto que me siguen…

PICAVEA.— Es que he procurado recatarme todo lo posible.

FLORA.— ¿Recatarse, por qué?

PICAVEA.— Porque deseaba ardientemente una ocasión para poder hablar a solas con usted.

FLORA.— ¿A solas conmigo?... (*Aparte.*) (¡Ay, lo que yo temíame!) ¿Y dice usted que a solas?

PICAVEA.— A solas, sí.

FLORA.— (*Con gran dignidad.*) Señor Picavea, usted no ignora que en mis actuales circunstancias yo no puedo hablar a solas con un hombre, sin infligirle un agravio a otro. Ya no dispongo de mi libre albedrío. Beso a usted la mano, como suele decirse. (*Hace una reverencia y se dispone a marchar.*)

PICAVEA.— (*La coge la mano para retenerla.*) ¡Por Dios, Florita, un instante!...

FLORA.— He dicho que beso a usted la mano, con que suélteme usted la mano.

PICAVEA.— Yo la ruego que me escuche una palabra, una sola palabra.

FLORA.— Si no es más que una, oirela por cortesía. Hable.

PICAVEA.— Florita, yo no ignoro su situación de usted, desgraciadamente.

FLORA.— ¿Cómo desgraciadamente?

PICAVEA.— Desgraciadamente, sí…, no quito una letra. Y comprenderá usted que cuando ni el respeto a las circunstancias en que usted se halla ni el temor a ninguna otra clase de incidentes me detiene, muy grave y muy hondo debe ser lo que pretendo decirla.

FLORA.— (*Aparte.*) (¡Dios mío!) ¡Pero, Picavea!...

PICAVEA.— Más bajo…, pueden oírnos!

FLORA.— ¡Ay, pero por Dios, Picavea!... Ese tono, esa emoción…, Está usted pálido, tembloroso… Me asusta usted. ¿De qué se trata? Hable usted pronto…, hable usted deprisa.

PICAVEA.— ¿Deprisa?

FLORA.— Deprisa, sí; me desagradaría que nos sorprendieran. Nume es muy celoso. Hable.

PICAVEA.— Florita, ¿usted no ha observado nunca que yo, día tras día, me he estado asomando al gabinete de lectura del Casino, para mirar melancólicamente a sus ventanas?

FLORA.— ¡Oh, Picavea!

PICAVEA.— Conteste usted…, diga usted.

FLORA.— Pues bien, sí, la verdad, lo he notado. Muchas veces le he visto a usted con una *Ilustración* muy deteriorada en la mano, hojeando las viñetas y soslayando de vez en vez la mirada hacia mi casa; pero yo atribuilo a mera curiosidad.

PICAVEA.— ¿De modo que no ha caído usted en el verdadero motivo?

FLORA.— No; yo me asomaba a la ventana, pero no caía.

PICAVEA.— Pues ha debido usted caer.

FLORA.— ¡Picavea!

PICAVEA.— Ha debido usted caer. El poema de las miradas saben leerlo todas las mujeres.

FLORA.— ¡Oh, Dios mío!... ¿De modo, Picavea, que usted también…?

PICAVEA.— ¡Sí, Florita, sí…; yo también la amo!

FLORA.— (¡Dios mío! Pero ¿qué tendré yo de un mes a esta parte que cada hombre que miro es un torrezno?[16])

PICAVEA.— (*Cogiéndola de la mano.*) Y si usted quisiera, Florita, si usted quisiera, todavía…

FLORA.— (*Tratando de desasirse.*) ¡Ay, no, por Dios, Picavea, suélteme usted; suélteme usted, por compasión, que no me pertenezco!

PICAVEA.— ¿Y qué me importa?

FLORA.— Suélteme usted, por Dios… Repare usted que aún no estoy casada.

PICAVEA.— Sí, es verdad. No sé lo que hago. Usted perdone.

FLORA.— (¡Pobrecillo!) (*Alto.*) ¡Pero oiga usted, Picavea, por Dios!... ¿Usted por qué ha de amarme?... No tiene usted motivos…

PICAVEA.— ¡El amor no se escoge ni se calcula, Florita!

FLORA.— Olvídeme usted.

PICAVEA.— No es posible.

FLORA.— Acepte usted una amistad cordial. No puedo ofrecerle más. Déjeme usted ser dichosa con Galán; le quiero. Es mi primer amor, mi único amor, y por nada del mundo dejaríale.

PICAVEA.— (Esta señora es un Vesuvio ambulante. Tengo que apretar.) (*Alto.*) ¿De modo, Florita, que no aborrecería usted a ese hombre de ninguna manera?

[16.] Agudamente relaciona Amorós esta expresión vulgar de Florita con la «acotación» en la escena anterior de Tito Guiloya: «hace tiempo que la ama de un modo ígneo», que debe traslucirse en la interpretación de Picavea.

FLORA.— Ni aunque me dijesen que era Pasos Largos,[17] ya ve usted.

PICAVEA.— ¿Y si fuera tan miserable que hubiese jugado con su amor de usted?...

FLORA.— ¡Oh, eso no es posible!... (*Sonriendo.*) ¡Pero si no vive más que para mí!... ¡Si no ve más que por mis ojos!... ¿Lo sabré yo?

PICAVEA.— Bueno, pero si a pesar de todo a usted le probaran que ese hombre había jugado vilmente con su corazón, ¿qué haría?

FLORA.— ¡Oh, entonces mataríale, mataríale; sí, lo juro!

PICAVEA.— Pues bien, Florita, lo que va usted a oír es muy cruel, pero hace falta que yo lo diga y que usted lo sepa. Galán no es digno del amor de usted.

FLORA.— (*Aterrada.*) ¡Picavea!

PICAVEA.— ¡Galán es un miserable!

FLORA.— ¡Jesús! Pero ¿qué está usted diciendo? ¡Miente usted! ¡El despecho, la envidia, los celos, le hacen hablar así!...

PICAVEA.— ¡No, no; es un bandido, porque yo le confié el amor que usted me inspiraba y se me adelantó como un miserable!

FLORA.— ¡Pero eso no puede ser! ¡Sería horrible!

PICAVEA.— Además, ese hombre es un criminal que no merece su cariño, porque, sépalo de una vez: ¡ese hombre tiene cuatro hijos con otra mujer!

FLORA.— (*Aterrada, enloquecida.*) ¡¡Ah!!... ¡¡Oh!!... ¡Cuatro hijos!... ¡Falso, eso es falso! ¡Pruebas, pruebas!

---

17. Célebre bandido de la época.

PICAVEA.— Sí, lo probaré. Traeré los cuatro hijos si hace falta. Esa mujer se llama Segunda Martínez.

FLORA.— ¡¡Oh, cuatro hijos de Segunda!!

PICAVEA.— Vive en Madrid, Jacometrezo, noventa y dos. Galán es un canalla. Yo lo sostengo.

PICAVEA hace señas con la mano para que salga Galán.

ESCENA X

DICHOS, DON GONZALO. Después, GALÁN, TORRIJA, GUILOYA, y MANCHÓN. Luego, DON MARCELINO.
DON GONZALO sale cautelosamente y cae de un modo fiero y terrible sobre PICAVEA, cogiéndole por el pescuezo.

GONZALO.— ¡Ah, granuja! ¡Te has vendido!

PICAVEA.— (*Trémulo de horror.*) ¡¡Don Gonzalo!!

FLORA.— ¡Por Dios, Gonzalo! ¡No le mates!

GONZALO.— Lo que sospechábamos… ¿Lo ves? ¿Lo estás viendo?

PICAVEA.— Pero, don Gonzalo, por Dios, que yo…

GONZALO.— ¡Silencio o te ahogo, miserable!

FLORA.— ¡Ay, Gonzalo, cálmate!

GONZALO.— ¡Quieres con tus calumnias destrozar la felicidad de dos almas, pero no te vale, reptil! Te hemos descubierto el juego.

PICAVEA.— ¡Don Gonzalo, que yo no he dicho…, que no era eso!... ¡Ay, que me ahoga!

GONZALO.— ¡Baja la voz, canalla, y escúchame! No mereces honores de caballero, pero yo no puedo prescindir de mi noble condición. Mañana te mataré en duelo.

FLORA.— ¡Ay, no, Gonzalo!

PICAVEA.— No, don Gonzalo, eso sí que no…, en duelo no, que yo soy inocente.

GONZALO.— ¡Te mataré como un perro; y ahora a la calle, en silencio, sin escándalo, sin ruido…, que no se entere nadie… (*Se lo lleva hacia la izquierda.*)

PICAVEA.— ¡Pero, don Gonzalo!

GONZALO.— (*Dándole un puntapié.*) ¡Largo de aquí, calumniador!...

PICAVEA.— ¡Pero atiéndame usted!

GONZALO.—¡A la calle!... Ni una palabra más.

PICAVEA vase despavorido primera izquierda.

NUMERIANO.— (*Saliendo aterrado.*) Pero, don Gonzalo, ¿qué es esto? ¿qué pasa? (*Le siguen TORRIJA, GUILOYA Y MANCHÓN.*) ¡Está usted lívido!

FLORA.— ¡Ay, Nume, Nume!... (*Se acerca a él.*)

MARCELINO.— (*Saliendo.*) ¿Qué sucede? ¿Qué ha ocurrido?

GONZALO.— Nada, nada, que voy a matar a un calumniador, nada más. Ya lo explicaré todo. Ahora basta que diga delante de todos que mi hermana es para usted. Esto nadie tendrá poder para impedirlo. Y ahora, como desagravio, un abrazo, Galán; un fuerte y fraternal abrazo.

NUMERIANO.— ¡Don Gonzalo!... (*Cae desfallecido en sus brazos.*)

GONZALO.— (*Mirándole.*) Pero ¿qué es esto? ¡Esa inercia!... ¡Esa palidez!... (*Sacudiéndole.*) ¡Galán!... ¡Galán!... ¡Se ha desvanecido!

FLORA.— Nume, Nume… ¡Ay, que no me oye! (*Sacudiéndole.*) Nume, escucha. Nume, mira…

GONZALO.— Pero ¿qué será esto?

MARCELINO.— La emoción, la sorpresa, el disgusto quizá… Hacedle aire…

FLORA.— ¡Llevémosle a la cama!...

NUMERIANO.— (*Recobrándose súbitamente.*) No. Nada, nada…; ya se me pasa; no es nada. El sombrero, el bastón… Esto se me pasa a mí corriendo…, vamos, a escape, quiero decir… El sombrero, el bastón.

GONZALO.— De ninguna manera. Usted no sale de esta casa. Va usted a tomar un poco de éter. A mi cuarto, a mi cuarto. Y, por Dios, señores… Confío en su discreción. Ni una palabra de todo esto… Silencio, silencio… (*DON GONZALO y* FLORITA *se llevan a* GALÁN *por la izquierda.*)

MARCELINO.— (*A los guasones, que quedan aterrados.*) ¡Picavea ha subido al cielo!

TELÓN

ACTO TERCERO

Cuarto gimnasio en casa de don Gonzalo. Puertas practicables en primer término izquierda y segundo derecha. Un balcón grande al foro. Por la escena, aparatos de gimnasia: escaleras, pesas, poleas; en la pared, panoplias con armas y caretas de esgrima, y por el suelo, una tira de linóleum y una colchoneta. Cerca del foro, un «fuchibool» prendido del techo y del suelo. A la izquierda, una mesita con una botella de agua y dos vasos. En primer término izquierda, mesa, y encima algunos libros, periódicos, escribanía, carpeta, papel, caja con cigarrillos, etc., etc. En segundo término izquierda, un bargueño, y en uno de sus cajones, un revólver. Junto a las paredes, divanes; en la pared del primer término derecha, una percha con dos toallas grandes. Sillas y sillón de cuero. Es de día. En el balcón, una gran cortina.

ESCENA I

DON GONZALO y DON ARÍSTIDES.
Aparecen los dos en traje de esgrima con las caretas de sable puestas. DON ARÍSTIDES da a DON GONZALO una lección de duelo.

ARÍSTIDES.— Marchar, marchar. Encima. En guardia. (*DON GONZALO va ejecutando todos estos movimientos de esgrima que el profesor le manda.*) Marchar. Batir, tajo.

Otra vez. Uno, dos, tres. Marchar. Finta de estocada y encima. En guardia. Romper. Romper. (*La segunda vez que
DON GONZALO retrocede obedeciendo la voz de mando
del profesor, tropieza con la mesita que habrá al foro y
derriba los cacharros que habrá en ella.*) Pero no tanto.

GONZALO.— ¡Demonio, qué contrariedad! En fin, adelante.

ARÍSTIDES.— Marchar cambiando. Estocada. Encima. Otra
vez pare y conteste. Otra vez. Batir. Revés. Pequeño descanso. (*Se quita la careta.*)

GONZALO.— (*Quitándosela también.*) ¿Y cómo me encuentra
usted, amigo Arístides?

ARÍSTIDES.— ¿A qué hora es el duelo?

GONZALO.— A las seis de la tarde.

ARÍSTIDES.— Se merienda usted al adversario. Seguro.

GONZALO.— ¿Estoy fuerte?

ARÍSTIDES.— Superabundantemente fuerte. Pétreo.

GONZALO.— Picavea creo que no tira.

ARÍSTIDES.— Ni enganchado. Si se pueden emplear en estos
lances los términos taurinos, diré a usted que en la corri-
dita de esta tarde, más bien becerrada –por lo que al adversario se refiere–, se viene usted a casa con una ovación
y una oreja…, más las dos suyas, naturalmente.

GONZALO.— Pues a mí me habían dicho que Picavea, en cuestión de sable, era un practicón.

ARÍSTIDES.— Cuando estaba sin destino, sí señor. Pero ahora…, ¿lo sabré yo, que he sido su maestro?...

GONZALO.— En fin, ¿reanudamos?

ARÍSTIDES.— Vamos allá. (*Requieren las armas y vuelven a la
lección.*) Finta de estocada marchando. Encima. Romper.

Uno, dos. Marchar. Dos llamadas.

GONZALO.— Con permiso. Un momento. Voy a llamar al criado que se lleve estos cacharros. (*Hace que toca un timbre.*)

ARÍSTIDES.— En guardia. Uno, dos. Marchar. Revés. Romper. Encima, pare y conteste. Marchar. Batir. Salto atrás.

CRIADO.— ¡Señor! (*No le hacen caso.*)

ARÍSTIDES.— Marchar. A ver cómo se para, vivo...

Comienza un asalto movidísimo. Las armas chocan con violencia.

CRIADO.— (*Vuelve a acercarse temeroso.*) Señor... (*Siguen el asalto, avanzando y retrocediendo, sin hacerle caso, y el* CRIADO, *viéndose en peligro, se pone una careta de esgrima y se acerca decididamente.*) Señor...

GONZALO.— ¿Qué quieres, hombre?

CRIADO.— No, yo, es que, como me ha llamado el señor...

GONZALO.— Sí, hombre, que recojas esos cacharros.

CRIADO.— Está bien, señor.

Los recoge sin quitarse la careta y luego se marcha huyendo de los golpes de sable que continúan.

ARÍSTIDES.— Tajo. Uno, dos. Salto atrás. Marchar. Uno, dos, tres. Salto atrás. Marchar. Muy bien.

GONZALO.— ¿Seguimos?

ARÍSTIDES.— No. (*Quitándose la careta.*) Con esto y los padrinitos que tiene usted, no hace falta más; porque creo que sus padrinos... ¿Son Lacasa y Peña?

GONZALO.— Lacasa y Peña.

ARÍSTIDES.— Entonces las condiciones serán durísimas, estoy seguro.

GONZALO.— Imagínese usted.

ARÍSTIDES.— Para intervenir esos, el duelo tiene que ser a muerte. No rebajan ni tanto así. Los conozco.

GONZALO.— Además, las instrucciones que yo les he dado son severísimas: nada de transigencias, nada de blanduras.

ARÍSTIDES.— Pues no doy veinticinco centavos por la epidermis de Picavea. (*Se cambian las chaquetas de esgrima. DON ARÍSTIDES por su americana y DON GONZALO por una chaqueta elegante de casa.*)

GONZALO.— ¡Oh, ese canalla!... ¿No sabe usted lo que hizo anoche en el Casino a última hora?

ARÍSTIDES.— Sabe Dios.

GONZALO.— Abofeteó e injurió a Galán horriblemente.

ARÍSTIDES.— ¡Qué bárbaro!

GONZALO.— En tales términos, que Galán me ha escrito agradeciendo la defensa que hice de su honor, pero recabando el derecho de batirse con Picavea antes que yo.

ARÍSTIDES.— No lo consienta usted de ninguna manera.

GONZALO.— Ni soñarlo. Picavea ofendió en mi propia casa a mi hermana, proponiéndola una indignidad, valido de una calumnia. Yo soy, pues, el primer ofendido.

ARÍSTIDES.— Sin duda ninguna.

GONZALO.— Lacasa y Peña harán valer mis derechos.

ARÍSTIDES.— ¡Buenos son ellos!

GONZALO.— Y además, cuando Galán le envió los padrinos,

¿sabe usted la condición que imponía Picavea para batirse?... Pues que fuese cual fuese el resultado del lance, ¡los dos habían de renunciar a mi hermana, so pretexto de no sé qué lirismos ridículos!...

ARÍSTIDES.— ¡Es un hombre perverso!

GONZALO.— Ni más ni menos. Pero figúrese el disgusto de la pobre Flora cuando supo por Marcelino que Galán quizá tuviese que aceptar la tremenda condición, para que no pueda atribuirse su negativa a cobardía… ¡Un disgusto de muerte! En vano trato de tranquilizarla. No descansa, no duerme, no vive. ¡Cuando más feliz se creía!... ¡Y todo por culpa de ese miserable! ¡Ah, no tengo valor para hacer daño a nadie; pero la vida le hace a uno cruel, y como pueda, mato a Picavea! Se lo juro a usted.

ARÍSTIDES.— Lo merece, lo merece… Pues, nada, don Gonzalo, hágame usted piernas y hasta luego. (*Poniéndose el sombrero.*) Voy a ver a Valladares, que está muy enfermo.

GONZALO.— ¡Ah, Valladares, sí; ya me han dicho… que se concertó el duelo en condiciones terribles!

ARÍSTIDES.— A espada francesa. Con todas las agravantes.

GONZALO.— ¿Y Valladares está en cama?

ARÍSTIDES.— Si se va o no se va. Y el adversario también.

GONZALO.— ¿También? ¿Y qué es lo que tienen?

ARÍSTIDES.— Gastritis tóxica por indigestión.

GONZALO.— ¡Ah!, pero ¿no es herida?

ARÍSTIDES.— No, no es herida, porque desoyendo mis consejos, en lugar de batirse, se fueron a almorzar al Hotel Patrocinio, y claro, les pusieron unos calamares en tinta que están los dos si se las lían. ¡Mucha más cuenta les hubiese tenido celebrar un duelo a muerte, como yo les propuse!

A estas horas, los dos en la calle. ¡Pero calamares! ¡Quién calcula las consecuencias!... Son unos temerarios. ¡Le digo a usted!...

GONZALO.— ¡Ya, ya!... ¡Qué gentes!

ARÍSTIDES.— Conque hasta luego; hágame piernas, y no me olvide esa finta de estocada marchando, ¿eh?... Un, dos…, a fondo. Rápido, ¿eh?...

Vase derecha.

GONZALO.— Sí, sí; descuide, descuide… (*Vuelve y toca el timbre.*) Voy a ver cómo sigue esa criatura. Cree que le ocultamos la verdad; que Galán es quien va a batirse, y está que no vive. ¡Pobre Florita!... ¡Calle! ¡Ella viene hacia aquí!

ESCENA II

DON GONZALO y FLORA.

FLORA.— (*Por la izquierda, con una bata y el pelo medio suelto.*) La felicidad es un pájaro azul, que se posa en un minuto de nuestra vida y que cuando levanta el vuelo ¡Dios sabe en qué otro minuto se volverá a posar!

GONZALO.— ¡Florita!

FLORITA.— ¡Ay, Gonzalo de mi alma!... (*Llora amargamente abrazada a su hermano.*)

GONZALO.— ¡Por Dios, Flora; no llores, que me partes el corazón!

FLORA.— El hado fatal cebose en mí... Clavome su garra siniestra.

GONZALO.— ¡Por Dios, Florita; si no hay motivo! No desesperes.

FLORA.— ¿Que no hay motivo? ¿Que no desespere?... ¿Pero no te has enterado de lo que proyectan?

GONZALO.— Me he enterado de todo.

FLORA.— Picavea ha impuesto la condición de que los dos han de renunciar a mí, sea cual fuere el resultado del lance; y, claro, Galán se considera en la necesidad de aceptar para que no le crean un cobarde... ¡Y me dejarán los dos!... Y esto es demasiado, porque quedarme sin el que sucumba, bueno; pero sin el superviviente, ¿por qué, Dios mío, por qué?

GONZALO.— No llores, Florita; no llores; estate tranquila, ya te he dicho que no se baten; yo sabré evitarlo.

FLORA.— ¡Qué espantosa tragedia! Toda mi juventud suspirando por un hombre, y de pronto me surgen dos; venme, inflámanse, insúltanse, péganse, y de repente se esfuman. ¡Esto es espantoso!..., ¡horrible! ¿Qué tendré yo, Gonzalo, qué tendré que no puedo ser dichosa?

GONZALO.— Cálmate, Florita, que yo te juro que lo serás. Cálmate.

FLORA.— Si no puedo calmarme, Gonzalo, no puedo... Porque encima de esta amargura, Maruja Peláez me ha hecho un chiste, ¡un chiste!... En esta situación... ¡Miserable!... Dice que mi boda era imposible ¡porque hubiera sido una boda de un Galán con una característica!...[1] ¡Figúrate!... (*Llora amargamente.*) ¡Yo característica!

GONZALO.— ¡Infame!… ¡Escándalos, ultrajes, burlas…, y todo sobre esta criatura infeliz! ¡No, no, Florita!... No llores, seca tus ojos. ¡Ni una lágrima más! ¡Bandidos!... No, yo te juro que te casas con Galán aunque se hunda el mundo, porque el que mata a Picavea soy yo…, ¡yo!...

FLORA.— ¡No, eso no, Gonzalo; eso tampoco! ¡A costa de tu vida, cómo iba yo a ser dichosa!... No, déjalo; he tenido la desgracia de enloquecer a dos hombres… ¡Lo sufriré yo sola!... Entraré en un convento…

GONZALO.— ¿Tú en un convento?

FLORA.— Sí, en un convento; profesaré en las Capuchinas… Seré capuchina…Ya he escogido hasta el nombre: Sor María de la Luz; creo que para una capuchina…[2]

GONZALO.— ¡Pero qué locuras estás diciendo!... Crees que lejos de ti podría yo vivir tranquilo… Calla, Florita, calla; ¡no me partas el alma!

ESCENA III

DICHOS, el CRIADO y luego PEÑA y LACASA.

CRIADO.— (*Por la derecha.*) Señor…

GONZALO.— ¿Quién?

CRIADO.— Los señores Peña y Lacasa.

---

[1]. Segunda actriz de carácter y entrada en años.

[2]. Apunta Seco el doble sentido, pues también se refiere la voz a las lamparitas con capuz para apagar la llama, de ahí el nombre.

FLORA.— ¡Peña y Lacasa!... ¿Qué quieren? ¿Qué buscan aquí esos hombres siniestros?

GONZALO.— Nada, nada... Déjame unos instantes. Luego hablaremos. Ten calma. Todo se resolverá felizmente. ¡Te lo aseguro!...

FLORA.— ¡Ah, no, no!... La felicidad es un pájaro azul que se posa en un minuto de nuestra vida, pero levanta el vuelo...

CRIADO.— ¿Qué?...

FLORA.— No te digo a ti... ¿Eres tú pájaro acaso? ¿O azul, por una casualidad?...

CRIADO.— Es que creí que...

FLORA.— ¡Estúpido!

GONZALO.— Que pasen esos señores.

FLORA.— Pero levanta el vuelo, y Dios sabe en qué otro minuto se volverá a posar. ¡Ah!... (*Vase por la izquierda.*)

CRIADO.— (*Asomándose a la puerta derecha.*) ¡Señores!... (*Les deja pasar y se retira.*)

PEÑA.— ¡Gonzalo!...

LACASA.— ¡Querido Gonzalo!

GONZALO.— Pasad, pasad y hablemos en voz baja. ¿Qué tal?

LACASA.— ¡Horrible!

PEÑA.— ¡Espantoso!

LACASA.— ¡Trágico!

PEÑA.— ¡Funesto!

GONZALO.— Pero ¿qué sucede?

PEÑA.— ¡Un duelo tan bien concebido!...

LACASA.— ¡Una verdadera obra de arte!

PEÑA.— Tres disparos simultáneos apuntando seis segundos.

LACASA.— Y cada disparo avanzando cinco pasos.

PEÑA.— Y en el supuesto desgraciado de que los dos saliesen ilesos, continuar a sable.

LACASA.— Filo, contrafilo y punta; a todo juego, asaltos de seis minutos…, uno de descanso, permitida la estocada…

PEÑA.— ¡En fin, que no había escape! Un duelo como para servir a un amigo.

LACASA.— ¡Oh, qué ira! ¡ La primera vez que me sucede!

PEÑA.— ¡Y a mí!

GONZALO.— ¡Bueno, estoy que no respiro!... ¿Queréis decirme al fin qué pasa?

PEÑA.— ¡Una desdicha! Que el duelo no puede verificarse.

LACASA.— Todo se nos ha venido a tierra.

GONZALO.— ¿Pues?

PEÑA.— Que no encontramos a Picavea ni vivo ni muerto.

GONZALO.— ¿Cómo que no?

LACASA.— Ni ofreciendo hallazgo. Unos dicen que después de la cuestión le vieron salir de tu casa y desaparecer por la boca de una alcantarilla.

PEÑA.— Otros aseguran que no fue por la boca, sino que desde que supo que tenía que batirse contigo, marchó a su casa por un retrato, tomó un kilométrico de doce mil kilómetros, y se metió en el rápido.

LACASA.— Corren distintas versiones.

PEÑA.— Pero Picavea, por lo visto, ha corrido mucho más que las versiones, porque no damos con él por parte alguna; ¡ni con el rastro siquiera!

LACASA.— ¡Qué fatalidad!

GONZALO.— ¿Habéis ido a su casa?

PEÑA.— Lo primero que hicimos. Y dice la patrona que la misma noche de la cuestión llegó lívido, sin apetito, y que a instancias suyas lo único que pudo hacerle tomar fueron unas patas de liebre, unas alas de pollo, y un poco de gaseosa... Cosas ligeras, como ves, fugitivas...

LACASA. Y tan fugitivas.

PEÑA.— Como que después de lo de las patas y las alas desapareció como un aviador; sospechan si para emprender el raid Madrid-San Petersburgo.

GONZALO.— ¡Miserable! Pone tierra por medio.

LACASA.— Aire, aire.

PEÑA.— Otros compañeros de hospedaje relatan que le oyeron preguntar qué punto de Oceanía es el más distante de la Península.

GONZALO.— ¡Cobarde! ¡Ha huido!...

PEÑA.— Los datos son para sospecharlo.

GONZALO.— ¡Oh!, ¿veis?... Eso prueba que lo de Galán fue una calumnia... ¡Una repugnante calumnia! ¡Oh, qué alegría, qué alegría va a tener mi hermana!... ¡Pobre Galán!... Yo, que hasta había llegado a sospechar... ¡Le haré un regalo!

LACASA.— ¡Gonzalo, ese granuja nos ha privado de complacerte!

PEÑA.— Gonzalo, no hemos podido servirte. Pero si a consecuencia de este asunto tuvieses que matar a otro amigo, acuérdate de nosotros.

GONZALO.— Descuida.

LACASA.— Te serviremos con muchísimo placer. Ya nos conoces.

PEÑA.— ¡Lances de *menú*[3] o de papel secante, no!... Ni almuerzos ni actas. ¡Duelos serios, especialidad de Lacasa y mía!

GONZALO.— Os estimo en lo que valéis. Gracias por todo. Adiós, Peña… Adiós, Lacasa.

LACASA.— ¡A dos pasos de tus órdenes!

PEÑA.— Disparado por servirte. (*Saludan. Vanse por la derecha.*)

GONZALO.— Ha huido. Era un calumniador y un envidioso. Voy a contárselo todo a Florita; se va a volver loca de alegría. ¡Oh! Ya no hay obstáculo para su felicidad. Dentro de un mes, la boda. No la retraso ni un solo minuto. Y en cuanto a Galán, como compensación, le regalaré la estatua de Saturno comiéndose a sus hijos, que tengo en el jardín. Dos metros de base por tres de altura. Está algo deteriorada, porque al hijo que Saturno se está comiendo le falta una pierna…; pero en fin, así está más en carácter.

Vase por la izquierda.

ESCENA IV

CRIADO, DON MARCELINO y NUMERIANO GALÁN, por la derecha.

---

3. *Leves, sin importancia, según anota Ríos Carratalá.*

CRIADO.— Pasen los señores. (*Les deja paso y se va.*)

NUMERIANO.— ¿Ha visto usted qué par de chacales esos que salían?

MARCELINO.— Peña y Lacasa. Son los padrinos de Gonzalo. Iban furiosos y con un juego de pistolas debajo del brazo.

NUMERIANO.— A cualquier cosa le llaman juego.

MARCELINO.— Bueno, Galancito, ¿y a qué me traes aquí, si puede saberse?

NUMERIANO.— Pues a que me ayude usted a convencer a don Gonzalo para que me deje batirme antes con Picavea. Si no, estamos perdidos.

MARCELINO.— Me parece que no conseguimos nada. ¡Tú no sabes cómo está Gonzalo!

NUMERIANO.— Entonces, ¿qué hacemos, don Marcelino, qué hacemos?

MARCELINO.— A mi juicio, lo primero que hay que hacer es el borrador para la esquela de Picavea; porque Picavea sube hoy al cielo. A patadas, pero sube.

NUMERIANO.— ¡Ay, Dios mío!... ¿Y Florita, estará…?

MARCELINO.— Medrosa del todo. Desde que supone que Picavea y tú vais a batiros por ella, se ha puesto mucho más romántica.

NUMERIANO.— ¡Qué horror!

MARCELINO.— Se ha soltado el pelo, o por lo menos el añadido; ha extraviado los ojos en una forma que ni anunciándolos en los periódicos se los encuentran, y anda deshojando flores por el jardín y preguntándoles unas cosas a las margaritas, que un día le van a contestar mal, lo vas a ver.

NUMERIANO.— ¡Virgen Santa!

MARCELINO.— Y se ha encerrado en este dilema pavoroso: «O Galán o capuchina».

NUMERIANO.— (*Aterrado.*) ¿Y qué es eso?

MARCELINO.— ¡No sé, pero debe ser algo terrible!

NUMERIANO.— ¡Ay, qué miedo! ¡Por Dios, don Marcelino, ayúdeme usted a convencer a don Gonzalo! ¡Sálveme usted! ¡Estoy desesperado! ¡Maldita sea!... De algún tiempo a esta parte todo se vuelve contra mí, ¡todo!... (*Furioso, da un puñetazo al fuchimbool, y, naturalmente, la pelota se vuelve contra él.*) ¡Caray!... ¡Hasta la pelota!...

MARCELINO.— Calla, Gonzalo viene.

NUMERIANO.— ¡Elocuencia, Dios mío!

ESCENA V

DICHOS y DON GONZALO, por la izquierda.

GONZALO.— (*Tendiéndoles las manos.*) ¿Ustedes?

MARCELINO.— Querido Gonzalo, vengo porque no puedes imaginar lo que está sufriendo este hombre.

GONZALO.— Pero ¿por qué, amigo Galán, por qué?

NUMERIANO.— ¡Ah, don Gonzalo, una tortura horrible me destroza el alma! Usted sabe como nadie que el honor es mi único patrimonio; por consecuencia, de rodillas suplico a usted me permita que sea yo el que mate a ese granuja que aquella noche nefasta enlodó mi honradez acrisolada...

GONZALO.— Bueno, Galán, pero…

NUMERIANO.— ¡No olvide usted que el miserable dijo que yo tenía no sé qué de Segunda, y yo no tengo nada de Segunda, don Gonzalo, se lo juro a usted!...

GONZALO.— No, hombre, si lo creo… Y por mí mátelo usted cuando quiera, amigo Galán.

NUMERIANO.— (*Abrazando a DON GONZALO.*) ¡Gracias, gracias! ¡Oh, qué alegría! ¡Ser yo el que le atraviese el corazón!

GONZALO.— Lo malo es que no va usted a poder.

MARCELINO.— (*Aterrado.*) ¿Le has matado tú ya?

GONZALO.— No me ha sido posible.

NUMERIANO.— Entonces, ¿Por qué no voy a ser yo el que le arranque la lengua?

GONZALO.— Porque se la ha llevado con todo lo demás.

NUMERIANO.— ¿Cómo que se la ha llevado?

MARCELINO.— ¿Qué quieres decir?

GONZALO.— (*Riendo francamente.*) Sí, hombre, sí. Sabedlo de una vez. ¡Picavea, asustado de su crimen, ha huido!

LOS DOS.— (*Con espanto.*) ¿Que ha huido?...

GONZALO.— Ha huido.

MARCELINO.— ¡Pero no es posible!

NUMERIANO.— ¡Eso no puede ser, don Gonzalo!

GONZALO.— Y en aeroplano, según me aseguran.

MARCELINO.— ¡Atiza!

NUMERIANO.— ¡Que ha huido!... ¡Dios mío, pero está usted oyendo qué canallada!

MARCELINO.— ¡Qué sinvergüenza!

NUMERIANO.— ¡Irse y dejarme de esta manera! ¿Es esto formalidad, don Marcelino?

GONZALO.— ¡Cálmese, amigo Galán!

NUMERIANO.— ¡Qué voy a calmarme, hombre!... ¡Esto no se hace con un amigo…, digo, con un enemigo!... (*A DON MARCELINO.*) ¡Irse en aeroplano!

MARCELINO.— (*Aparte.*) (¡Y no invitarte!...) Ya, ya… ¡qué canalla!

GONZALO.— Calme, calme su justa cólera, amigo Galán. Su honor queda inmaculado, y puesto que la dicha renace para nosotros, no pensemos ya sino en la felicidad de Florita y de usted; porque mi deseo es que se casen a escape.

NUMERIANO.— Hombre, don Gonzalo, yo a escape, la verdad…

GONZALO.— No quiero que surjan otros incidentes. La vida está llena de asechanzas. Acaba usted de verlo.

MARCELINO.— Bueno, pero Galán lo que desea es un plazo para…

GONZALO.— No le pongo un puñal al pecho, naturalmente; pero, vamos, ¿le parecería a usted bien que para la boda fijáramos el día del Corpus? Faltan dos meses.

NUMERIANO.— Hombre, Corpus, Corpus… No tengo yo el Corpus por una fecha propicia para nupcias… No me hace a mí…

GONZALO.— ¿Entonces quiere usted que lo adelantemos para la Pascua?

NUMERIANO.— ¡Qué sé yo!

GONZALO.— ¿Tampoco le hace a usted la Pascua!

NUMERIANO.— Como hacerme, sí me hace la Pascua, pero, vamos, es que yo…, es que yo, don Gonzalo, la verdad, quiero serle a usted franco, hablarle con toda el alma.

GONZALO.— Dígame, dígame, amigo Galán.

NUMERIANO.— ¿Dice usted que Picavea ha huido?

GONZALO.— Ha huido. Indudable.

NUMERIANO.— Pues bien, yo tengo que decirle a usted que hasta que ese hombre aparezca y yo le mate, yo no puedo casarme, don Gonzalo.

GONZALO.— ¡Por Dios, es un escrúpulo exagerado!

NUMERIANO.— Hágase usted cargo, si yo no vuelvo por los fueros de mi honor, ¿qué dignidad le llevo a mi esposa?

MARCELINO.— Hombre, en eso el muchacho tiene algo de razón.

NUMERIANO.— Ahora, eso sí, don Gonzalo, que parece Picavea, y al día siguiente la boda.

CRIADO.— (*Desde la puerta.*) El señor Picavea.

GONZALO.— ¿Qué?

CRIADO.— Su tarjeta.

GONZALO.— (*La toma y lee.*) ¡Picavea! (*Mostrándoles la tarjeta.*)

LOS DOS.— ¡¡Picavea!!

GONZALO.— Se conoce que ha aterrizado. (*Al* CRIADO.) ¿Y este hombre…?

CRIADO.— Aguarda en la antesala. Debe encontrarse algo enfermo. Está pálido, tembloroso. Me ha pedido un vaso de agua con azahar. Por cierto que al ir a traérsela he visto que escondía todos los bastones del perchero.

GONZALO.— ¡Ah, canalla!

CRIADO.— Dice que tiene algo extraordinario y urgente que decirle al señor, y que le suplica, de rodillas si es preciso, que le reciba...

GONZALO.— Yo no sé hasta qué punto será correcto...

CRIADO.— Dice que se acoge a la hidalguía del señor.

GONZALO.— Basta. Dile que pase.

NUMERIANO.— Pero ¿le va usted a recibir?

GONZALO.— ¡Qué remedio!... ¿No oye usted cómo lo suplica?

NUMERIANO.— (*Aparte a* DON MARCELINO) ¡Estoy aterrado! ¿A qué vendrá ese bruto?

MARCELINO.— (No me llega la camisa al cuerpo)

GONZALO.— Vosotros pasad a esa habitación y oid. Y, por Dios, Galán, conténgase usted, oiga lo que oiga. Marcelino, no le abandones.

MARCELINO.— Descuida.

Vanse izquierda.

ESCENA VI

DON GONZALO *y* PICAVEA; *luego,* DON MARCELINO *y* NUMERIANO GALÁN.

PICAVEA.— (*Dentro.*) Da... da... da... dada... dada... usted su per... su permiso?

GONZALO.— Adelante. (¡Dame calma, Dios mío, que yo no olvide que estoy en mi casa! Apartaré este sable, no me dé una mala tentación…) (*Coge un sable para retirarle.*)

PICAVEA.— (*Asomando la cabeza.*) Muy bue… ¡Caray! (*Se retira enseguida al ver a* DON GONZALO *con el sable.*)

GONZALO.— Pero ¿qué hace ese hombre? (*Alto.*) Pase usted sin miedo.

PICAVEA.— ¡Papa… papa… pa… pasaré, sí, señor; pe… pe… pero sin miedo es impopo… es imposible! Com… com… comprendo su… su indignación, don Gon… don Gonzalo; y por eso…

GONZALO.— Sí, señor, mi indignación es mucha y muy justa; pero acogido a la hospitalidad de estas nobles paredes, nada tiene usted que temer por ahora. Tranquilícese y diga cuanto quiera.

PICAVEA.— Don Gon… don Gon… don Gonzalo, yo no sé cómo agradecer a usted que me haya re… re… recibido después de la su… su… susu…

GONZALO.— Abrevie usted los periodos, porque entre la tartamudez y la abundancia retórica no acabaríamos nunca.

PICAVEA.— Lo que quiero decir es que mi gratitud por la bondad de recibirme…

GONZALO.— Nada tiene que agradecerme. Cumplo con mi deber de caballero. Hable.

PICAVEA.— (*Cayendo súbitamente de rodillas a los pies de* DON GONZALO.) ¡Ah, don Gonzalo…, escúpame usted…, máteme usted!... Coja usted una de esas nobles tizonas y deme usted una estocada.

GONZALO.— Señor mío, eso no sería digno…

PICAVEA.— Pues una medio estocada… ¡Un bajonazo!... ¡Sí! ¡Lo merezco, don Gonzalo, lo merezco, por buey!

GONZALO.— Pero ¿qué está usted diciendo?

PICAVEA.— La verdad, don Gonzalo, vengo a decir toda la verdad. Yo seguramente habré aparecido a los ojos de usted como un canalla.

GONZALO.— Se califica usted con una justicia que me ahorra a mí esa molestia.

PICAVEA.— Pues bien, don Gonzalo, de todo esto tiene la culpa...

GONZALO.— Ya sé lo que va usted a decirme, ¿que tiene la culpa el que mi hermana le ha vuelto a usted loco?

PICAVEA.— ¡Quia, no, señor, qué me ha de volver a mí la pobre señora!... Yo solo siento por ella una admiración simplemente amistosa.

GONZALO.— Entonces, ¿por qué dio usted lugar a aquella trágica escena?

PICAVEA.— Yo, don Gonzalo, todo lo que dije y lo que hice, lo hice y lo dije por salvar a Galán únicamente.

GONZALO.— ¿Cómo por salvar a Galán?... ¡No comprendo!... Salvar a Galán, ¿de qué?...

PICAVEA.— Es que a Galán, usted perdone, pero a Galán tampoco le gusta su hermana de usted.

GONZALO.— (*Con tremenda sorpresa.*) ¿Eh?... ¿Cómo?... ¿Qué está usted diciendo?

PICAVEA.— Que no le gusta.

GONZALO.— ¡Pero este hombre se ha vuelto loco!

PICAVEA.— No, don Gonzalo, no. Ustedes, Galán y yo hemos sido víctimas de un juego inicuo, y permítame que le suplique toda la calma de que sea capaz para escucharme hasta el fin.

GONZALO.— (*Con ansiedad.*) Hable, hable usted pronto.

PICAVEA.— Don Gonzalo, la declaración amorosa que recibió Florita no era de Galán.

GONZALO.— ¿Cómo que no?

PICAVEA.— Fue escrita por Tito Guiloya, imitando su letra para darle una broma de las que han hecho famoso al Guasa Club.

GONZALO.— ¡Oh!, pero ¿qué dice este necio?... ¿Qué nueva mentira inventa este canalla?... (*Va a acometerle.*)

PICAVEA.— ¡Por Dios, don Gonzalo!...

GONZALO.— Yo te juro que vas a pagar ahora mismo…

ESCENA VII

DICHOS, NUMERIANO GALÁN y DON MARCELINO.

NUMERIANO.— (*Saliendo.*) Deténgase usted, don Gonzalo. Este hombre dice la verdad.

GONZALO.— (*Aterrado.*) ¿Qué?

MARCELINO.— Una verdad como un templo, Gonzalo.

GONZALO.— Pero ¿qué dices?

MARCELINO.— Mátanos, desuéllanos…, porque cada uno tiene en esta culpa una parte proporcional. Éste, por debilidad, por miedo; éste, por inducción; yo, por silencio, por tolerancia… Pero lo que oyes es la verdad.

GONZALO.— (*Como enloquecido.*) Pero ¿no sueño?... Pero ¿es cierto, Marcelino?

NUMERIANO.— Sí, don Gonzalo; hemos sido víctimas de una burla cruel. Yo no me he declarado jamás a su hermana de usted. Yo no he tenido nunca intención de casarme con ella, porque ni mi posición ni mi deseo me habían determinado a semejante cosa.

GONZALO.— ¿De modo que es verdad?... ¿De modo que...?

MARCELINO.— Han sido esos bandidos, Tito Guiloya, Manchón y Torrija, los que, aprovechando hábilmente una situación equívoca que ya te explicaré, y con propósitos de insano regocijo, de burla indigna, fraguaron esta iniquidad... ¡Una broma de casino!

GONZALO.— ¡Dios mío!

NUMERIANO.— Y yo también soy culpable, don Gonzalo, lo reconozco. Soy culpable, porque debí, en el primer momento, decir a ustedes lo que pasaba. Pero me faltó valor. Aparte la condición pusilánime de mi carácter, la acogida cordial, efusiva, que usted me dispensó, henchido de gozo por el bien de su hermana, a la que adora en términos tan conmovedores, me hizo ser cobarde y preferí aguardar a que una solución imprevista resolviera el conflicto.

GONZALO.— (*Repuesto del estupor, se levanta airado, violento, tembloroso.*) ¡Ah!... ¡De modo que una burla!... ¡Que todo ha sido una burla!... ¿Y por el placer de una grosera carcajada no han vacilado en amargar con el ridículo el fracaso de una vida?... ¡Y para este escarnio cien veces infame, escogen a mi hermana, a mi pobre hermana, alma sencilla cuyo único delito es que se resiste a perder el derecho a una felicidad que ha visto disfrutar fácilmente a otras mujeres, solo porque la naturaleza ha sido más piadosa con ellas! ¡Pues no, no será!

MARCELINO.— ¡Gonzalo!

GONZALO.— No será; y a este crimen de la burla, frío, cruel, pérfido, premeditado…, responderé yo con la violencia, con la barbarie, con la crueldad. ¡Yo mato a uno, mato a uno, Marcelino, te lo juro…!

MARCELINO.— ¡Cálmate, cálmate, por Dios, Gonzalo!...

GONZALO.— No puedo, no puedo calmarme, Marcelino, no puedo. ¡Burlarse de mi hermana adorada, de mi hermana querida, a la que yo he consagrado con mi amor y mi ternura una vida de renunciaciones y de sacrificios! De sacrificios, sí. Porque vosotros, como todo el mundo, me suponéis un solterón egoísta, incapaz de sacrificar la comodidad personal a los desvelos e inquietudes que impone el matrimonio. Pues sabedlo de una vez: nada más lejos de mi alma. En mi corazón, Marcelino, he ahogado muchas veces –y algunas, Dios sabe con cuánta amargura– el germen de nobles amores que me hubiesen llevado a un hogar feliz, a una vida fecunda. Pero surgía en mi corazón un dilema pavoroso; u obligaba a mi hermana a soportar en su propia casa la triste vida de un papel secundario, o había yo de marcharme dejándola en una orfandad que mis nuevos afectos hubiesen hecho más triste y más desconsoladora. ¡Y por su felicidad he renunciado siempre a la mía!

MARCELINO.— Eres un santo, Gonzalo.

GONZALO.— Hay más. Esta es para mí una hora amarga de confesión; quiero que sepáis todo, todo… Yo he llegado por ella, entiéndelo bien, solo por ella, hasta el ridículo.

MARCELINO.— ¡Gonzalo!...

GONZALO.— (*Con profunda amargura.*) Sí, porque yo, yo soy un viejo ridículo, ya lo sé.

MARCELINO.— ¡Hombre!...

GONZALO.— Sí, Marcelino, sí; hasta el ridículo. Un ridículo consciente, que es el más triste de todos. Yo, y perdonadme estas grotescas confesiones, yo me tiño el pelo; yo, impropiamente, busco entre la juventud mis amistades. Yo visto con un acicalamiento amanerado, llamativo, inconveniente a la seriedad de mis años. Y todo esto, que ha sido y es en el pueblo motivo de burla, de chacota, de escarnio, yo lo he padecido con resignación y lo he tolerado con humildad, porque lo he sufrido por ella.

MARCELINO.— ¿Por ella?

GONZALO.— Sí, por ella. Como entre Florita y yo la diferencia de años es poca, las canas, las arrugas, los achaques en mí la producían un profundo horror, una espantosa consternación. Veía en mi vejez acercarse la suya, y yo entonces quise parecer joven solamente para que Florita no se creyese vieja. Y para atenuarla el espectáculo del desastre, puse sobre esta cabeza que para ser respetada debía ser blanca, y sobre este cuerpo ya caduco, unas ridículas mentiras que conservaran en ella la pueril ilusión de una falsa juventud. Esto ha sido todo. (*Llora.*)

MARCELINO.— (*Conmovido.*) ¡¡Gonzalo!!...

PICAVEA.— Don Gonzalo, perdón; somos unos miserables.

NUMERIANO.— Usted es un santo, don Gonzalo; y si no le pareciese absurdo lo que voy a decirle, yo me ofrezco a reparar esta broma infame casándome con Florita, si usted quiere.

GONZALO.— No, gracias, amigo Galán; muchas gracias. Pasado ese impulso de su alma buena, quedaría la realidad; mi hermana con sus años…; usted con su natural desamor… Imagínese el espanto. Quedémonos en el ridículo; no demos paso a la tragedia.

NUMERIANO.— Sí, sí, don Gonzalo, lo comprendo; pero por lo

que se refiere a Tito Guiloya, a Manchón, a Torrija…, a todos los del Guasa Club, yo ruego a usted que me conceda el derecho a una venganza bárbara, ejemplar…; a una venganza…

ESCENA VIII

DICHOS, el CRIADO, TITO GUILOYA, puerta derecha.

CRIADO.— Señor…, este caballero.

GONZALO.— (*Leyendo la tarjeta.*) ¡Hombre!... ¡Dios le trae! Aquí le tenemos.

MARCELINO.— ¿Quién?

GONZALO.— Tito Guiloya.

PICAVEA y NUMERIANO.— ¡¡Él!!

GONZALO.— Viene a continuar la burla.

PICAVEA.— (*Coge un sable.*) Pues permítame usted que yo…

NUMERIANO.— (*Coge una espada.*) Y déjeme usted a mí que le…

GONZALO.— Quietos. En mi casa, y en cosas que a mí tan tristemente se refieren, yo soy quien debo hablar.

MARCELINO.— Pero, por Dios, Gonzalo…

GONZALO.— Descuida, estoy tranquilo.

NUMERIANO.— Pero nosotros…

GONZALO.— Métanse ustedes ahí. Les suplico un silencio absoluto. (*Al CRIADO.*) Que pase ese señor. (*Se meten los*

168

tres detrás de la cortina de la ventana de modo que al entrar el visitante no los vea.) Un silencio absoluto, vean lo que vean y oigan lo que oigan.

TITO.— (*Desde la puerta.*) ¿Da usted su permiso, queridísimo don Gonzalo?

GONZALO.— Adelante.

TITO.— Perdone usted, mi predilecto y cordial amigo, que venga a molestarle, pero... altos dictados de caballerosidad que los hombres de honor no podemos desatender me impelen a esta lamentable visita.

GONZALO.— Tome asiento y dígame lo que guste. (*Se sientan.*)

TITO.— Don Gonzalo, usted y yo somos dos hombres de honor.

GONZALO.— Uno.

TITO.— Usted perdone; dos, o yo no sé matemáticas.

GONZALO.— Sabe usted matemáticas. Uno. Adelante.

TITO.— Bueno; pues yo vengo con la desagradable misión de convencer a usted de que el señor Picavea, mi apadrinado, debe batirse, antes que con usted, con ese canalla, con ese reptil, con ese bandido de Galán, cuyas infamias probaremos cumplidamente.

GONZALO.— ¡Chist!... No levante usted la voz, no sea que le oiga.

TITO.— Pero ¿cómo va a oírme?

GONZALO.— Fíjese. (*GALÁN le saluda con la mano.*)

TITO.— (*Dando un salto.*) ¡Carape! (*Lleno de asombro.*) ¿Pero qué es esto? (*A PICAVEA.*) ¿Tú aquí?... ¿Y con Galán?... ¿Pero no habíamos quedado en que yo vendría a buscar una solución honrosa al...?

PICAVEA hace un gesto encogiendo los hombros como el que quiere expresar: «qué quieres que te diga».

TITO.— Pero ¿Cómo se justifica la presencia aquí de Picavea cuando habíamos quedado en que tú...? (*GALÁN hace el mismo gesto de PICAVEA.*) Don Marcelino, yo ruego a usted que justifique esta situación inexplicable en que me hallo, porque es preciso que yo quede como debo. (DON MARCELINO *hace el mismo gesto.*) Es decir ¿que ninguno de los tres...? Señores, por Dios, que yo necesito que a mí se me deje en el sitio... (*Los tres le indican con la mano que espere, que no tenga prisa.*) en el sitio que me corresponde, no confundamos. (*Pausa. Ya muy azorado.*) Bueno, don Gonzalo; en vista de la extraña actitud de estos señores, yo me atrevería asuplicar a usted unas ligeras palabras que hicieran más airosa esta anómala situación. (*DON GONZALO hace el mismo gesto.*) ¡Tampoco!... ¡Caray, comparado con esta casa, el colegio de sordomudos es una grillera!... ¡Caramba, don Gonzalo, por Dios..., yo ruego a usted..., yo suplico a usted... que acabe esta broma del silencio, si es broma, y que me abra siquiera... un portillo por donde yo pueda dar una excusa y oír una réplica, buena o mala, pero una réplica! Yo, hasta ahora, no sé qué es lo que sucede. Hablo, y la contestación que se me da es un movimiento de gimnasia sueca. (*Lo remeda.*) Interrogo y no se me responde.

GONZALO.— (*Se levanta y, clavándole los ojos, se dirige a él. GUILOYA retrocede aterrado. Al fin le coge la mano.*) Y más vale que sea así.

TITO.— Don Gonzalo, por Dios, que yo venía aquí...

GONZALO.— Usted venía aquí a lo que va a todas partes, a escarnecer a las personas honradas, a burlar a aquellos infelices que por achaques de la vida o ingratitudes de la naturaleza considera víctimas inofensivas de su cinismo.

TITO.— (*Aterrado.*) ¿Yo?...

GONZALO.— ¡Usted!... Y por eso, creyéndonos dos viejos ridículos, ha cogido usted el corazón de mi hermana y el mío y los ha paseado por la ciudad entre la rechifla de la gente como un despojo, como un airón de mofa.

TITO.— ¿Qué yo he hecho eso?... ¡Don Gonzalo, por la Santa Virgen!... Hombre, decidle... habladle... haced el favor.

Los tres el gesto.

GONZALO.— Pero para todos llega en la vida una hora implacable de expiación. Usted, hombre jovial, cínico, desaprensivo, cruel, no la sentía venir, ¿verdad?... Pues para usted esa hora ha llegado y es esta. Siéntese ahí.

TITO.— (*Muerto de miedo, tembloroso.*) ¡¡Don Gonzalo!!

GONZALO.— Siéntese ahí. Si usted estuviese en mi lugar, y mi hermana fuera la suya, y sintiera usted caer sobre su vida adorada ese dolor amargo y lacerante de la burla de todo un pueblo, ¿qué haría usted conmigo?...

TITO.— ¡Bueno, don Gonzalo, pero es que yo...! ¡Hombre, por Dios, salvadme!...

GONZALO.— Aquí tiene usted papel, pluma y una pistola...

TITO.— (*Dando un salto.*) ¡Don Gonzalo!

GONZALO.— Si conserva un resto de caballerosidad, escriba una ligera exculpación para nosotros, y hágase justicia.

TITO.— (*Enloquecido de horror, coge la pistola tembloroso.*) ¡Ay, por Dios, don Gonzalo, perdón!

GONZALO.— ¡Hágase usted justicia!

MARCELINO.— ¡Oye, pero hazte justicia hacia aquel lado, que nos vas a dar a nosotros!

171

TITO.— (*Cayendo de rodillas.*) Don Gonzalo, perdón. ¡Yo estoy arrepentido!... Yo le juro que no volveré más...

GONZALO.— (*Quitándole la pistola violentamente.*) ¡Cobarde, mal nacido!... ¡Vas a morir!

TITO.— (*En el colmo del terror, da un salto y se esconde detrás de los tres.*) ¡Socorro!... ¡Socorro!... ¡Salvadme!

NUMERIANO.— (*Aterrado.*) ¡Por Dios, don Gonzalo, desvíe el cañón..., que está usted muy tembloroso!

GONZALO.— ¡Canalla! ¡Miserable!... ¡Que se vaya pronto o le mato!

MARCELINO.— ¡A la calle!... ¡A la calle! ¡Fuera de aquí, granuja!... (*Le da un puntapié y lo echa puertas afuera.*)

PICAVEA.— Vamos a hacerle los honores de la casa... (*Coge un sable y sale tras él.*)

NUMERIANO.— ¡De la Casa de Socorro! (*Coge otro sable y sale escapado.*)

GONZALO.— (*Todavía excitado.*) ¡Cobarde! ¡Infame! ¡Lo he debido estrangular..., he debido matarlo!

MARCELINO.— Cálmate, Gonzalo, cálmate. ¡No vale la pena! ¿Qué hubieras conseguido? ¡Matas a Guiloya! ¿Y qué?... Guiloya no es un hombre, es el espíritu de la raza, cruel, agresivo, burlón, que no ríe de su propia alegría, sino del dolor ajeno. ¡Alegría!... ¿Qué alegría va a tener esta juventud que se forma en un ambiente de envidia, de ocio, de miseria moral, en esas charcas de los cafés, y los casinos barajeros? ¿Qué ideales van a tener estos jóvenes que en vez de estudiar e ilustrarse se quiebran el magín y consumen el ingenio buscando una absurda similitud entre las cosas más heterogéneas y desemejantes?... ¿En qué se parece un membrillo a la catedral de Burgos? ¿En qué se parece una lenteja a un caballo al galope? Y, claro, luego surge rápida esta natural pregunta...: ¿en qué se parecen estos muchachos a hombres cultos interesados en el porvenir de la patria? Y la respuesta es tan desconsoladora como trágica... ¡En nada, en nada; absolutamente en nada!

GONZALO.— ¡Tienes razón, Marcelino, tienes razón!

MARCELINO.— Pues, si tengo razón, calma tu justa cólera y piensa, como yo, que la manera de acabar con este tipo tan nacional del guasón es difundiendo la cultura. Es preciso matarlos con libros, no hay otro remedio. La cultura modifica la sensibilidad, y cuando estos jóvenes sean inteligentes, ya no podrán ser malos, ya no se atreverán a destrozar un corazón con un chiste, ni a amargar una vida con una broma.

GONZALO.— ¡Ah!, ¡mi pobre hermana! ¡Qué cruel dolor! Pero, ¿qué remedio? La llamaré. La diremos la verdad.

MARCELINO.— No. La burla humilla, degrada. Proyecta un viaje, te la llevas y estáis ausentes algún tiempo. Y ahora, si te parece, la diremos que no has podido evitar el duelo; que Galán está herido; que aceptó la condición de Picavea; que no vuelva a pensar en él.

GONZALO.— Sí, quizá es lo mejor. ¡Pero cómo va a llorar! ¡Ay, mi hermana!, ¡Mi adorada hermana!

MARCELINO.— ¡Pobre Florita!

GONZALO.— ¡Qué amargura, Marcelino! ¡Ver llorar a un ser que tanto quieres, con unas lágrimas que ha hecho derramar la gente solo para reírse! ¡No quiero más venganza sino que Dios, como castigo, llene de este dolor mío el alma de todos los burladores!

TELÓN

www.ingramcontent.com/pod-product-compliance
Lightning Source LLC
LaVergne TN
LVHW011329080426
835513LV00006B/261